LIVRO DE OURO DO HO'OPONOPONO

OS MILAGRES DA ORAÇÃO DO PERDÃO

Maria Silvia Orlovas

LIVRO DE OURO DO HO'OPONOPONO

OS MILAGRES DA ORAÇÃO DO PERDÃO

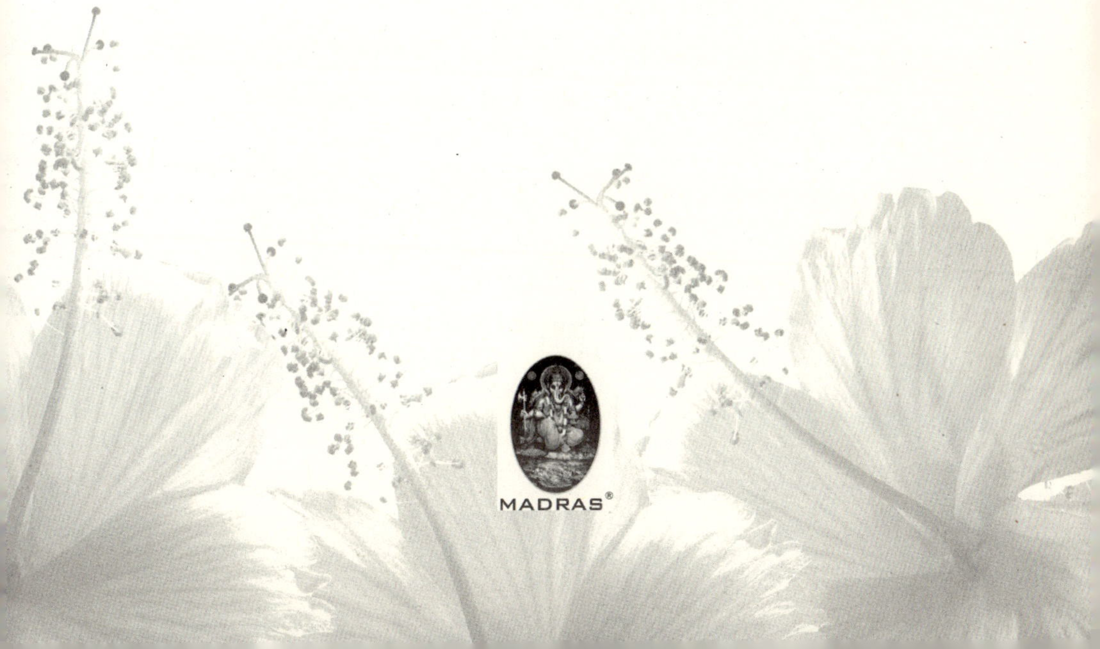

© 2021, Madras Editora Ltda.

Editor:
Wagner Veneziani Costa (*in memoriam*)

Produção e Capa:
Equipe Técnica Madras

Revisão:
Silvia Massimini Felix
Maria Cristina Scomparini
Neuza Rosa

**Dados Internacionais de Catalogação na Publicação
(CIP)(Câmara Brasileira do Livro, SP, Brasil)**

Orlovas, Maria Silvia
Livro de ouro ho'oponopono : os milagres da oração do perdão/Maria Silvia Orlovas. – 3. ed. – São Paulo: Madras, 2021.

ISBN 978-85-370-1206-2

1. Autoconhecimento 2. Filosofia de vida
3. Ho'oponopono 4. Ho'oponopono – Técnica de cura
5. Medicina alternativa 6. Oração 7. Perdão 8. Vida espiritual I. Título.

19-27530   CDD-615.8528

Índices para catálogo sistemático:
1. Perdão: Meditação: Terapias alternativas 615.8528
Maria Alice Ferreira – Bibliotecária – CRB-8/7964

É proibida a reprodução total ou parcial desta obra, de qualquer forma ou por qualquer meio eletrônico, mecânico, inclusive por meio de processos xerográficos, incluindo ainda o uso da internet, sem a permissão expressa da MADRAS Editora, na pessoa de seu editor (Lei nº 9.610, de 19/2/1998).

Todos os direitos desta edição reservados pela

MADRAS EDITORA LTDA.
Rua Paulo Gonçalves, 88 – Santana
CEP: 02403-020 – São Paulo/SP
Caixa Postal: 12183 – CEP: 02013-970
Tel.: (11) 2281-5555 – (11) 98128-7754
www.madras.com.br

Dedicatória

Dedico este livro às minhas filhas Paola e Heloiza, que sempre me incentivaram a me tornar um ser humano melhor, e ao meu marido Fabio, companheiro de jornada, parceiro de todas as horas, que tornou possível esse caminho com o Ho'oponopono.
Amo vocês.

Índice

Prefácio 9
Introdução 13
Capítulo 1
O milagre do toque! 19
Capítulo 2
O milagre da investigação 39
Capítulo 3
O milagre da inspiração... 57
Capítulo 4
O milagre da entrega 75
Capítulo 5
O milagre da criação 93
Capítulo 6
O milagre do acolhimento 112
Capítulo 7
O milagre da cura 132
Capítulo 8
O milagre da abundância 157
Capítulo 9
O milagre da reciprocidade... 178
Capítulo 10
O milagre da prática.. 200
Sobre a Autora 214

Prefácio

Lembro-me com clareza quando minha irmã, Maria Silvia (MS), me perguntou:

Você já ouviu falar de Ho'oponopono?

Achei engraçada a palavra "Ho'oponopono"... e respondi: nossa! O que é isso?!

E minha irmã me respondeu:

Você precisa conhecer! É algo ancestral, que vem do povo do Havaí, dos xamãs de lá, do povo kahuna. Vou te mandar o material para você ler.

Recebi o livro *Limite Zero* do Joe Vitale, li também sobre o caso do dr. Hew Len e o tratamento de seus pacientes psiquiátricos com o método do Ho'oponopono. Tudo muito incrível, profundo, mas ainda distante.

MS foi uma incentivadora de meu processo. Disse que sentia que isso ia mudar a nossa vida e a de muita gente, e que deveríamos nos aprofundar no método, na experiência. Concordei, pois também sentia que havia algo muito profundo na poderosa simplificação do "Sinto muito, me perdoe, eu te amo, obrigado"! Como irmãos, sempre fomos muito próximos e caminhamos juntos nas experiências espirituais. Com o Ho'oponopono não seria diferente...

Montamos um primeiro grupo de prática em Ho'oponopono no Espaço Alpha Lux, em 2014, com aproximadamente 20 pessoas, que depois de alguns meses se reduziu para umas dez.

Nem todo mundo compreendeu a profundidade, ou conseguiu lidar com as primeiras reações encontradas. Ho'oponopono é lindo e profundo, mas é muito intenso e pode levar a muitas dores e "cobrar" transformações internas, nos relacionamentos, no trabalho, na família e até na saúde, antes de se alcançarem as curas.

Eu dividiria o processo em quatro fases principais:
1 – **Encantamento,**
2 – **Aprofundamento,**
3 – **Compreensão Maior,**
4 – **Transformação e Cura.**

Na **fase do Encantamento**, se você aceita o Ho'oponopono, tudo se encaixa em conceito; vislumbramos o poder do perdão, da compaixão, do amor e da gratidão. Entendemos a responsabilidade sobre nossas vidas, entendemos o poder de nossas memórias, de nossa ancestralidade e queremos nos aprofundar. Muita gente para por aí, pois acha que não tem o que perdoar, ou porque se prende na dor ou no ego, achando que não tem dores ou julgamentos a libertar...

Na **fase do Aprofundamento** entramos em nossa sombra...
Esse processo é para os fortes. Eu, particularmente, enfrentei uma depressão nesse período. Muita coisa de meu passado, de meu inconsciente veio à tona. Meus medos, minhas crenças de inferioridade, minhas vaidades, raivas, coisas difíceis de assumir. Comecei a ver a importância demasiada que eu dava à minha imagem e quanto eu carregava de insegurança, questões que impactavam minha autoestima, meu trabalho e minha vida pessoal de forma geral.

Foi em meio a esse processo que eu criei a primeira versão da música do Ho'oponopono. Uma versão profunda e sensível, que fortaleceu demais meu processo de transformação. Começamos a usar a música em grupos de cura em Alpha Lux e os resultados foram impressionantes. A música facilitava enormemente a entrada nas memórias, nas emoções, e ajudava a curar as feridas por trazer o mantra do Ho'oponopono de forma muita intensa e sensível, potencializando o processo.

MS passou a trabalhar com os cursos *on-line* e se tornava cada vez mais reconhecida como uma fonte do Ho'oponopono. Simultaneamente, surgia o trabalho do Seva Trio, nosso álbum com uma segunda versão da música, mais leve, em uma sintonia de mais amor e menos sofrimento.

MS divulgava seus cursos e a música do Seva Trio aos seus milhares de seguidores e alunos, e acredito muito que eu e meus parceiros, Kezo Nogueira e Yonan Daniel, fomos enormemente beneficiados pelas energias das milhares de pessoas que ouvem não só o Ho'oponopono, mas todas as músicas do Seva Trio. O trabalho cresceu, a energia se expandiu e abriu novas transformações em nossas vidas.

Na **fase da Compreensão Maior**, o Ho'oponopono se torna uma postura de vida; você tem de liberar as memórias de dor e as limitações e terá de mudar sua realidade para poder avançar na transformação! Nessa fase o que está acontecendo dentro, nas orações e meditações do Ho'oponopono, precisa começar a acontecer fora, em sua relação com o mundo, com seu trabalho, com a família, com os relacionamentos afetivos e com a forma como você vive e enxerga a vida. As mudanças vão exigir que você reconfigure no dia a dia os conceitos de prosperidade e abundância, e isso requer coragem para mudar sua realidade.

É nesse ponto que chegamos à fase final, à transformação e à cura, pelo menos do ciclo em que iniciamos. Sim, eu sinto claramente que o Ho'oponopono foi e continua sendo um processo de ciclos de profunda transformação. As curas são contínuas, passamos a vibrar em novos níveis de consciência e na prática, não poderemos mais viver como antes....

Teremos de ser mais felizes, mais leves, mais prósperos e seguramente mais verdadeiros em tudo que vivemos...

- Sinto muito
- Me perdoe
- Te amo
- Obrigado

Fica o convite para você aproveitar a leitura deste livro e inspirá-lo em uma grande mudança para sua vida.

Antonio Flávio atuou como executivo por mais de 20 anos na área de Consultoria em Recursos Humanos e é coach profissional desde 2008. Músico, pianista e compositor, atua no Seva Trio, conjunto que produz mantras e orações que mesclam influências indianas, clássicas e brasileiras. Há mais de 30 anos atua em grupos de autoconhecimento, tendo experiências profundas com mantras e técnicas de meditação, além de há anos atuar como voluntário em trabalhos de Reiki e doação de energia no Espaço Alpha Lux.

Introdução

Nos últimos anos, muita gente chegou até mim através do Ho'oponopono e de meu trabalho *on-line*. Isso me deixa muito feliz, pois sinto estar cumprindo minha missão, que é a de levar, para as pessoas, uma mensagem de luz e de esperança, ativando a consciência de que somos seres de luz vivendo a experiência na Terra.

O Ho'oponopono está sendo uma experiência incrível e libertadora em minha vida. Mesmo trabalhando há mais de 20 anos com espiritualidade canalizando mensagens dos mestres ascensionados da Fraternidade Branca, e tendo passado toda a minha vida dedicada a isso, estudando e participando de inúmeros cursos e *workshops* no Brasil e no exterior... faltava uma conexão que o Ho'oponopono trouxe.

Alguns podem pensar: como algo tão simples, como repetir as frases, pode fazer milagres?

- Sinto muito
- Me perdoe
- Te amo
- Sou grato

A consciência desse exercício trazido pela linda kahuna Morrna Nalamaku Simeona opera mudanças incríveis dentro de nós!

Como terapeuta e sensitiva, posso dizer que o Ho'oponopono é um grande mergulho no amor de Deus, que exige que atravessemos um verdadeiro pântano até a energia fluir limpa, suave, restauradora.

O Ho'oponopono é uma excursão pelos mundos internos com um final feliz.

Um ponto muito importante relacionado às curas e milagres do Ho'oponopono: Peça. Abra o coração para a divindade e peça as curas, entendimentos e tudo o que você precisa.

Neste livro, você vai encontrar em cada capítulo um pouco da luz dos ensinamentos do Ho'oponopono narrados por mim; são histórias de superação vividas por pessoas queridas que caminham comigo pelos passos dos milagres do Ho'oponopono.

Tenho certeza de que saber desses milagres vai ajudá-lo a abrir sua mente para percebê-los em seu dia a dia.

A narrativa segue fluida, alternada com canalizações que ilustram os ensinamentos e elevam a mente a um estado mais suave.

Aquilo que aprendi com os mestres ascencionados há 20 anos me permite dizer a você que podemos viver de outro jeito mais iluminado e leve. Claro que nem sempre é fácil, diante dos desafios da vida, nos manter na luz, e foi por isso que fiquei tão encantada com o Ho'oponopono, pois nas horas de sofrimento, confusão mental, dor ou desânimo temos as quatro frases para repetir em estado meditativo e alcançar a paz necessária para prosseguir.

Ho'oponopono abre, expande, cura.
- Sinto muito
- Me perdoe
- Te amo
- Sou grato

Neste livro você vai comigo até o Havaí, vai mergulhar no solo da alma que faz brotar corajosas sementes de cura. Vai voar embalado nos ventos das histórias de transformação de pessoas amigas que compartilharam depoimentos emocionados que tenho a honra de inspirar.

Sim, vamos juntos passear no sonho que não é nada pequeno.

Se você me permitir, vou ajudar no despertar da grande alma que habita seu interior.

Ho'oponopono é assim, grande, simples e libertador ao mesmo tempo. E sei que, assim como eu, você sairá depois da leitura deste livro, desta viagem, encantado com as possibilidades de sua jornada através do perdão.

Ho'oponopono.
Aloha.
MS

Depoimento

MS é como um oceano.
O que falar de uma pessoa, quando ela é o próprio oceano?
Assim é a MS, como carinhosamente a chamamos.

Conheço MS há 16 anos, quando, na busca do autoconhecimento, fui fazer uma sessão de vidas passadas com ela. Desse encontro, que foi um reencontro, nasceu uma amizade profunda, transformadora, com muitas histórias, aprendizados e trabalhos espirituais libertadores.

Foi a MS quem me apresentou o Ho'oponopono. Na ocasião, eu estava com muitos problemas na família. Primeiramente fui convidada para participar de seu grupo de estudos sobre o tema. Fizemos vários encontros, e cada dia a conexão dos kahunas foi se enraizando.

Essa técnica simples e eficaz faz parte de mim agora. E sou grata por sua paciência e generosidade.

Eu sou Nazaré Di Maria, mestra em Reiki Usui, facilitadora em Barras de Access® e produtora de elenco. Tenho 59 anos bem vividos. Nasci em Caxias, interior do Maranhão, ganhei o mundo, e hoje moro em São Paulo.

Depoimento

Eu Sou Barbara Rios Machado, carioca, com 67 anos, sagitariana. Sou mãe, avó, terapeuta holística e produtora independente de eventos holísticos.

Resido na cidade de Florianópolis há 28 anos; sempre atuando profissionalmente nesta cidade, conheci e trabalhei com várias pessoas. Foi uma jornada intensa, posso dizer.

No ano de 2004, conheci, através do livro *Os Sete Mestres*,* Maria Silvia Orlovas, autora desta obra. Sendo eu estudiosa e simpatizante dos ensinamentos e práticas dos Sete Mestres, convidei-a a participar de um evento espiritualista que eu produzia em Florianópolis, quando

---

*N. E.: Obra publicada pela Madras Editora.

então eu conheci este ser humano simples de infinita fé e confiança na espiritualidade: Maria Silvia, um canal perfeito a serviço da Grande Fraternidade Branca de transmissão das mensagens dos Mestres.

Uma amizade sincera e desinteressada nasceu desse encontro, tornando-nos parceiras profissionais e amigas de caminhada. Muito aprendi e vivenciei com MS.

Vivemos uma troca constante de aprendizados espirituais.

MS trouxe para minha vida a prática do Ho'oponopono, também canalizada pelos mestres como ferramenta de libertação e transformação através do perdão.

A prática constante do Ho'oponopono mudou meu ser, minha vida, meus relacionamentos, transformando-os em sabedoria e luz.

- Sinto muito
- Me perdoe
- Te amo
- Sou grata

Gratidão, MS.

❀ ❀ ❀

Depoimento

Eu sou Gilberta Sousa, portuguesa. Vivo na ilha da Madeira. Tenho 56 anos e sou funcionária do governo no Ministério do trabalho.

Tenho dois filhos, Silvia, de 33 anos, e o Luis, de 21. Há três anos, em uma consulta de rotina, foi-me detectado um problema de saúde. Entrei em desespero porque tinha perdido meu marido, vítima de doença oncológica. Mas, enquanto esperava a resposta de meus exames, fui orando muito e pedindo ajuda a Deus.

Um dia fui ao YouTube procurar não sabia o quê, algo que apaziguasse meu coração. Então ouvi uma meditação linda que acalmou meu coração.

Meditação da Maria Silvia Orlovas de Ho'oponopono. Que paz senti em meu coração. Procurei na net e descobri que essa senhora maravilhosa fazia *lives* para ajudar as pessoas. Claro que logo assisti e me apresentei, escrevendo meu nome e nacionalidade.

Assisti com meu filho. Escrevi: "Sou a Gilberta Sousa, de Portugal, e temos quatro horas de diferença horária, mas estive esperando para assistir à sua *live*" e fiquei saboreando cada palavra, cada ensinamento dessa maravilhosa senhora, anotando tudo em meu caderninho. No dia seguinte fui comprar um Japamala, e todos os dias acordo cedo para fazer o Ho'oponopono e à noite também.

Se minha vida melhorou? Sim, e muito, porque aprendi a ter fé.

Minha saúde ficou bem, os médicos me deram os parabéns e ganhei uma amiga.

Muitas vezes adormeci com as doces palavras da Maria Silvia e acordei com o coração cheio de amor e alegria.

Obrigada, querida, porque mudou minha vida com seus ensinamentos e com o Ho'oponopono. Se eu seria a mesma Gilberta se Deus não tivesse colocado essa senhora na minha vida? Claro que não seria.

Hoje faço o Ho'oponopono para tudo. Saúde nos relacionamentos, no trabalho, na abundância.

Hoje estou ligada à espiritualidade com muita fé e muito amor no coração.

Obrigada, querida Silvia.

- Sinto muito
- Me perdoe
- Te amo
- Sou grata

Capítulo 1

O milagre do toque!

Quando você é tocado pelo Ho'oponopono

Quando somos tocados por um saber, pelos olhos de alguém, por um perfume, pelas mãos de outro ser, acontece um pequeno milagre.
Nunca mais seremos os mesmos.
O toque muda tudo.
Descobri que o Ho'oponopono é um toque na alma.
Um toque tão profundo que, quando você percebe, já não é mais o mesmo...

A tarde caía lentamente enquanto eu olhava as brasas da fogueira se consumirem lentamente. Meu olhar estava perdido; a mente borbulhava com ideias, dores e pensamentos que não se completavam. Estava confusa, querendo mudanças, e não sabia por onde começar.

O silêncio externo se mantinha rompido apenas por pequenas fagulhas da fogueira que estalavam, e pelo ruído distante das ruas da cidade, ao passo que internamente o barulho mental era grande, na verdade enorme, para uma pessoa como eu, que sempre praticou meditação, o silêncio, e cultiva a paz.

Olhando para as brasas teimosas, tinha de admitir para mim mesma que não estava em paz, mas confesso que assumir esse sentimento, naquele momento, era uma quebra de ego. Porque havia uma cobrança interna de estar feliz. Afinal, como uma pessoa tão espiritualizada como eu poderia estar confusa, triste, sem ver um caminho pela frente?

Esse era um questionamento pesado, que não se calava.

Nesse momento, grossas lágrimas percorreram minha face, e, depois de alguns instantes segurando a dor, chorei alto, sem medo da explosão emocional.

Estava sozinha com minha dor.

O milagre do toque pode chegar na dor

Ho'o significa "causa", e ponopono quer dizer "perfeição", portanto Ho'oponopono significa "corrigir um erro" ou "tornar certo".

Estava triste visitando o fundo do poço. E não tinha ideia de que aquele toque espiritual do fundo do poço me traria um novo caminho de vida com o Ho'oponopono, e que a partir dali, daquele momento de dor, eu criaria um curso *on-line* que alcançaria a transformação na vida de milhares de pessoas espalhadas pelo mundo.

Naquela época, via apenas que, depois de tantos sacrifícios e conquistas, depois de tantos trabalhos bem-sucedidos e tantas mensagens curativas, eu não poderia estar tão triste.

Sabia que, se olhasse para mim, para meu caminho, para Deus, não fazia sentido pensar que a vida estava ruim, porque não estava.

Claro que havia vários pontos para melhorar, principalmente nos relacionamentos, como as questões de minha filha mais nova entrando em uma adolescência bem conturbada, ou mesmo o fato de o meu marido, que sempre foi um executivo de sucesso, estar repensando sua carreira, e vê-lo nos últimos tempos silencioso me deixava angustiada. Outro ponto triste foi o casamento desfeito de minha filha mais velha que me deu um lindo netinho, e muitas preocupações... Enfim, minha vida estava normal, com questões em aberto, com desafios como qualquer pessoa pode ter. Porém, eu sabia que eu não era qualquer pessoa, tinha uma missão com o despertar espiritual, e a responsabilidade de ajudar e orientar. E, apesar de ser alguém simples, com situações de vida bem normais, meu trabalho com a Fraternidade Branca sempre me colocou em uma condição de acessar muita luz e ensinamentos maravilhosos, e também muita responsabilidade em divulgar e colocar tudo em prática.

Desde 1996 eu havia começado com as canalizações e, a partir de então, nunca parei de divulgar as mensagens e de orientar as pessoas. Meu trabalho na internet sempre foi forte; colaborei por anos para o STUM, um importante *site* voltado ao autoconhecimento, publiquei vários livros, mantive um *blog* bem bacana, ainda atuante, e realmente ajudei muita gente. Então, por que estava me sentindo nesse ponto-limite?

Nessa época não conhecia o famoso livro de Joe Vitale, *Limite Zero*, então não sabia que estava iniciando uma passagem sem volta, por um limite que tinha nome: "Limite Zero"!

Apenas sentia que tinha de mudar minha vida. Sentia que algo novo, diferente, estava chegando, algo feliz.

Mais para a frente entendi melhor a sincronicidade que estava vivendo nas palavras de Joe Vitale: "O limite zero envolve o retorno ao estado zero, no qual nada existe, mas tudo é possível. No estado zero, não existem pensamentos, palavras, ações, memórias, programas, convicções ou qualquer outra coisa. Existe apenas o nada".

Acredito que naquele momento estava começando minha jornada para experimentar a luz do Limite Zero.

O milagre do toque pode vir por um Não!

A seguinte canalização ilustra lindamente o aprendizado de viver com sabedoria, e aceitar o toque da vida com luz, mesmo quando não entendemos.

É PRECISO SABER SER AMADO!
Canalização Mãe Maria – 20/4/2017

Meus filhos, vocês associam o amor a ouvir, a sentir e a receber um sim.

Para vocês, amor é sim.

Mas o amor muitas vezes é o não de Deus. É o não para um sonho, é um não para um desejo, é um não para um casamento, é um não para um projeto de vida.

Deus não é apenas o sim, o amor de Deus não é apenas o sim.

Muitas vezes em sua vida vocês recebem um não. Esse não é muito mais poderoso, curativo, transformador que um sim, mas aí vocês se chateiam, entristecem-se, fecham-se, deprimem-se e muitas vezes negam a ação de Deus.

Porque ouviram, porque sentiram, porque perceberam um não.

Amados, aprendam a amar, aprendam a compreender que Deus, que o sim de Deus é maior do que o não e o sim da terra.

É maior do que o não e o sim de seus projetos.

Não ame Deus no amor da terra, não ame Deus no amor material, naquele que exige o sim de todos os seus sonhos, seus mimos e seus projetos.

Ame Deus com o amor espiritual, o amor mais profundo, o amor que entende que muitas vezes o não de Deus para seus projetos na terra é o melhor para a sua evolução, para o seu crescimento, para a sua transformação, para o desenvolvimento de seus dons e talentos.

Imagine agora olhando seu passado, se Deus tivesse dito sim a todos os seus desejos, projetos e sonhos?

Talvez você estivesse ainda em um casamento falido, talvez você estivesse ainda em um projeto pessoal de trabalho muito inferior ao aprendizado que você tem hoje.

Talvez você estivesse ainda morando em um determinado lugar, onde o ciclo já havia se fechado.

Quando Deus coloca um não em seu caminho, ele está também dando forças a você, dando possibilidades de você crescer, fazer diferente, contornar, aprender com a situação.

Ame Deus acima do sim da terra e do não da terra.

Porque você tem olhos e percepção temporal, você está preso à consciência desta vida, deste corpo e deste momento.

Você não tem a conexão com o todo; agora, no momento em que você ama Deus acima do sim e acima do não, você ganha essa expansão, você ganha essa luz, você ganha essa abertura, você ganha essa compreensão e você ganha o sim.

Pense nisso.

Acolha esse entendimento dentro de você e aí, quando algumas vezes você tiver seus planos recusados, seu momento tendo de se adaptar de alguma forma ao destino, ao caminho, você sentirá seu coração mais calmo.

Você sentirá sua energia mais suave e seu rosto ficará mais leve, e sua face, seu semblante, mais tranquilo, mais alegre.

Acalme seu coração.

Deus ama você, a despeito de muitas vezes ter de colocar em seu caminho o não.

Você é muito amado. A humanidade está aqui manifesta neste planeta pela vontade de Deus.

Sinta esse amor profundo em você. Sinta esse toque profundo em seu coração.

Aquele toque que traz a você o verdadeiro amor.

Eu sou Maria e nesse momento, em sintonia com a chama branca, explico a vocês mais uma faceta do carma em transformação.

Meus amados, é tempo de ascensão, é tempo de transformação dos valores da humanidade encarnada, é tempo de vocês que têm a alma desperta, o coração tocado pela espiritualidade profunda, compreenderem que é preciso amar mais, acreditar mais no amor, acreditar mais em seu eu sagrado divino e, mesmo que a vida traga o não como resposta, o sim do amor deve estar em seu coração.

Estamos trabalhando na energia de vocês para acalmar, para aquietar e para ensinar a amar de verdade.

Recebam nossas bênçãos e nossa luz e sigam em paz.

Queremos que essa reflexão, esse pensamento, toque fundo no coração de cada um de vocês.

Acolham o mais profundo do amor.

Que assim seja.

Tenham paz.

O milagre do toque pode ser uma surpresa positiva

O Ho'oponopono atua na limpeza de três grandes energias contrárias: *medo, raiva, rejeição*.

Para mudar de vida, temos de nos abrir para essas curas.

Infelizmente, em maior ou menor dose, acho que todos nós sofremos em algum momento com o medo, a raiva e a rejeição. Quando olho meu caminho, facilmente identifico essas questões, e sugiro que você busque com muito amor e coragem também identificar essas situações em sua história para poder mudar, transformar e seguir mais leve, que é uma eterna busca de quem quer viver mais feliz.

Sempre tive muito medo do novo, das surpresas da vida, até porque vim de uma criação com situações inesperadas bem sofridas.

Meu pai se envolveu em dívidas, perdeu nossa casa, fomos morar em uma casa alugada e sem conforto, no meio de muitas brigas, e meu lar, que tinha sido alegre na infância, se tornou um lugar triste, confuso e sem boas perspectivas.

Essa memória ficou marcada em mim, e, mesmo trabalhando com vidas passadas e entendendo perfeitamente bem as questões cármicas que envolvem nosso nascimento, e os desafios que iremos enfrentar nessa vida, como resgate de ações do passado, as sombras das perdas da adolescência sempre me acompanharam e trouxeram grande tristeza e medo, e esse foi o ponto inicial de uma grande limpeza em meu padrão de crenças. Uma limpeza que você também pode fazer em si mesmo.

O milagre do toque pede honestidade!

Resolvi incluir este tópico porque não faço parte do grupo que faz de conta que tudo é lindo, e que as coisas sempre dão certo. A vida não é assim. Todos nós vivemos momentos de alegria e de tristeza, de conquista e de perda, de acertos e de erros. Mas você sabe de uma coisa? Está tudo bem que seja assim! Não há problema nenhum. Tranquilize-se.

No caminho espiritual, inclusive com o Ho'oponopono, temos de muitas vezes nos confrontar com nosso lado obscuro e com a culpa, dores, memórias de raiva, abandono, decepções e sentimentos negativos que nos acompanham, simplesmente porque a vida é desse jeito. Então, quando você estiver cansado, sem saber o que fazer, relaxe, deixe a onda passar. Porque tudo passa. Mas, por favor, seja honesto e assuma o que está vivendo. Não precisa contar seus problemas para as pessoas – até porque, hoje em dia, ninguém tem muito tempo ou paciência para ficar ouvindo. E também porque não adianta muito escolher confidentes e contar a eles seus problemas... nem sempre as pessoas saberão o que dizer. Dar conselhos é coisa muito séria!

Nessa jornada do Ho'oponopono, não tenha muito dó de si mesmo.

Lembre-se: você é luz. Não atrase sua evolução achando que não merecia passar pelo que está passando. Se você está vivendo o que está vivendo, é porque esse aprendizado faz parte de sua rota. Seja honesto com você mesmo e tenha a coragem de colocar em prática o que aprendeu.

O milagre do toque do Ho'oponopono pode mudar suas certezas

Não conhecia os milagres do toque do Ho'oponopono.

Naquela época, tinha certeza de que o passado era imutável.

Pensava que o que passou, passou, e que lembramos para esquecer, e de fato é assim que funciona. As memórias de vidas passadas e da infância vêm para nossa mente consciente, para serem compreendidas, libertadas, curadas. E é claro que o perdão faz parte do processo de cura e libertação, mas, quando se trata de um perdão profundo que vai além das palavras, o processo pode ser bem mais intenso.

Perdoar na palavra, falar "Eu te perdoo", é fácil, difícil é realmente tirar a carga energética da dor, tirar a raiva, limpar a mágoa.

Essa limpeza é um trabalho emocional e espiritual que pode envolver uma vida inteira, ou várias vidas. Não se trata de uma cura que pode acontecer em uma única sessão de terapia, ainda que eu seja totalmente a favor de todos os tipos de terapias e ajudas que alguém possa procurar.

Por favor, procure ajuda.

Mas dores profundas costumam voltar, reaparecer do nada, sem que a gente perceba.

Algumas pessoas sabem bem o que eu quero dizer, porque **sentem** que uma tristeza, uma dor profunda, pode voltar a aparecer sem explicação.

Já aconteceu com você?

Você já sentiu uma fraqueza, um cansaço, uma falta de vontade de fazer as coisas, que pode se transformar até em procrastinação?

Pois bem, amigo leitor, descobri com o Ho'oponopono que isso pode ser o reflexo de uma memória inconsciente, e a boa notícia é que pode ser curado, transformado com o milagre do toque do Ho'oponopono.

Olhando o restante da fogueira queimar preguiçoso à minha frente, e enxugando as lágrimas, sentindo-me um pouco mais aliviada por causa do choro, pensava que tinha de trazer à tona a dor que estava sentindo.

Não entendia o que estava pesando em mim!

Qual seria a mudança que me agitava?

Naquela semana, comecei a procurar coisas novas.

Comecei lendo textos, *sites* e pesquisas no YouTube. Vi muitas coisas interessantes, encontrei pessoas bacanas e também textos e palestras pouco profundas. Fui escolhendo as informações e pessoas que achei confiáveis, até que um vídeo sobre limpeza de memórias de vidas passadas apareceu em minha *time line*, e a técnica usada era o Ho'oponopono.

Já tinha ouvido falar do Ho'oponopono anos atrás e não prestei muita atenção, talvez porque não tivesse compreendido na época a profundidade da cura envolvida.

O fato é que não tinha sido tocada.

Agora, motivada pela perspectiva de aprender algo novo e relevante, assisti ao vídeo várias vezes, e aquilo me tocou fortemente.

A palavra Ho'oponopono ficou ressoando em mim, como um mantra.

No sábado daquele fim de semana, fui ao cinema e, enquanto o filme passava mostrando cenas da Índia, sensibilizada por minhas memórias do tempo que estive por lá em retiros espirituais, lembrando dos lugares, dos aromas, etc., tive uma projeção espontânea, e me vi frente a Sai Baba, meu mestre, desencarnado há alguns anos.

Na visão, ele me dizia telepaticamente que agora o "avatar", nome dado à encarnação do divino, estava representado pela própria Terra, e que eu deveria entregar meu amor, minha devoção à mãe Terra.

Em seguida ele me disse, também telepaticamente, que meu mal, minha tristeza, se devia a ingratidão.

Naquele momento iluminado, ficou claro para mim que eu não sabia lidar, receber as coisas da vida com gratidão. Minha mente ficava focada nos desafios, nas coisas ruins, difíceis de resolver, e com isso tudo se tornava cada vez mais complicado. Eu achava que merecia mais, achava que a vida me devia algo, e com essa atitude estava bloqueando o fluxo da abundância e de toda energia positiva direcionada a mim.

Em segundos, Sai Baba passou minha vida a limpo, mostrou-me fatos esquecidos, cenas de dor que precisavam ser limpas, momentos de amor que precisavam ser lembrados.

Foi muito forte.

A emoção tomou conta de mim. Senti uma grande limpeza acontecer, enquanto o filme passava na tela grande do cinema. O momento presente deixou de ter valor, porque a experiência mística tomou conta de meu ser.

Ele me ensinou, sem falar sequer uma palavra, como praticar o Ho'oponopono.

Assim simples: diga para si mesma, para a sua alma, as palavras do Ho'oponopono:

- Sinto muito
- Me perdoe
- Te amo
- Sou grato

Nos dias que se seguiram, fui em busca de material sobre o tema, e comecei a ler, estudar e trabalhar em minha mente, em meu coração, o toque milagroso do perdão.

Lembro que acordava no meio da noite fazendo Ho'oponopono, dormia e amanhecia fazendo Ho'oponopono. Tudo era Ho'oponopono.

Assim, apaixonada pela energia de cura do Ho'oponopono, chamei meu irmão Antônio Flavio e pedi que ele fizesse uma música para o Ho'oponopono. Ele aceitou o desafio, e em pouco tempo surgiu a primeira versão do mantra do Ho'oponopono feita pelo Seva Trio, grupo de músicos amigos, que acolheu a missão de musicalizar um sentimento assim profundo. A música ficou linda, e eu amo usar em grupos, com muito sucesso, para ajudar na cura.

❈ ❈ ❈

O milagre do toque desperta uma força interior que motiva outras pessoas

Como eu queria testar tudo, sentir tudo, ver as curas em mim e nas pessoas, montei um grupo para praticar o exercício do perdão, que depois ficou conhecido como o grupo zero do Ho'oponopono em meu espaço Alpha Lux.

Combinamos uma reunião semanal para trabalhar as curas e praticar Ho'oponopono juntos, e foi incrível. As pessoas aderiram prontamente, e começamos a limpar as dores, e que dores.... Quantas histórias.

Eram aproximadamente 20 pessoas com seus acertos, erros e problemas. Cada uma tinha sua chance de falar, de colocar seu tema.

A primeira regra estabelecida foi o não julgamento.

Expliquei que, quando a pessoa coloca sua dor no grupo, de alguma forma aquela dor também é um reflexo de nossas próprias dores e crenças, e isso precisa ser tratado com respeito e amor.

Assim fomos evoluindo no processo que levou praticamente um ano de práticas intensas, muita oração, muito amor, muita limpeza. Algumas pessoas não aguentaram o tranco da exposição e da proposta libertadora e seguiram seus caminhos; outras adoeceram, manifestaram no corpo físico uma série de dores e travas que foram sendo limpas; e outras expandiram uma grande luz cheia de esperança e mudaram suas vidas para melhor.

Como sou uma pessoa muito comprometida com os trabalhos de cura e gosto de pesquisar, entender, fui anotando tudo e observando os processos mediúnicos que aconteciam paralelamente. E em meus vídeos, grupos, comecei a colocar a prática do Ho'oponopono conforme estava sendo intuída, e os grupos foram acolhendo, praticando e mudando, o que me deixou muito feliz.

Este foi o embrião do meu curso *on-line*: "Transformando Relacionamentos com Ho'oponopono".

No fim do ano seguinte, senti um forte chamado para ir ao Havaí, queria sentir a energia do local. Os preparativos fluíram lindamente, só que, na véspera da viagem, minha filha Paola, na época com 13 anos, teve um pesado diagnóstico de falta de ferro no organismo com a necessidade de receber tratamento no hospital, correndo o risco de ter de fazer uma transfusão de sangue, o que me deixou sem chão e quase nos impediu de viajar. Foi um grande susto e o começo de uma jornada de cura com ela, que estava despontando para um doloroso período da adolescência.

Seguimos para o Havaí em um misto de esperança, sonho e emoção, como escrevi em meu diário de viagem que compartilho aqui com você.

O milagre do toque no Havaí

Depois de intermináveis horas de voo, que foram levadas com muito bom humor, finalmente chegamos ao destino, Havaí.

Cansados, com fome, sem rumo por conta do fuso horário, lembrei das viagens que fizemos para a Índia quando partíamos para retiros espirituais no ashran de Sai Baba.

Foi uma verdadeira peregrinação.

O que achei interessante é que a energia do avião era bem diferente de outras viagens aos Estados Unidos. Foi estranhamente mais leve, pareceu que algo pesado ficou para trás quando sobrevoamos o oceano.

Como somos influenciados pelo meio que nos cerca, será que, por estar no meio do mar, a pouca influência dos pensamentos humanos aliviava de alguma forma nossas próprias emanações mentais?

Essa reflexão fez muito sentido para mim, pois não devemos esquecer que influenciamos a vida à nossa volta. Nossos pensamentos mobilizam tudo o que nos cerca. Então, pouca gente pensando, de alguma forma, deixa o astral livre.

Pensando que criamos todos os dias nosso destino, nasceu em mim o desejo de sentir na fonte a vibração do Ho'oponopono, a terra linda, abençoada, da amada Morrnah Simeona, que trouxe para o Ocidente a sabedoria dos kahunas, xamãs do Pacífico.

Queria sentir o que eles deixaram ali e levar comigo um pouco da energia para compartilhar com meus clientes e alunos.

❀ ❀ ❀

O milagre do toque pode ser muito suave

Continuar a viagem, visitar as praias, montanhas nevadas, vulcões foi ainda mais incrível por conta da conexão com as mensagens e canalizações que estava recebendo. Percebi que estava tudo interligado, meu trabalho de tantos anos em sintonia com a Fraternidade Branca e a luz do Ho'oponopono.

Outro ponto interessante que observei foi que trouxe comigo o que aconteceu com o grupo zero, que se juntou para praticar Ho'oponopono em São Paulo. A energia pesada veio ser limpa nos mares cristalinos do Havaí.

Tive certeza de que estava no meio de uma missão transformadora em minha vida.

Através do cansaço, e muitos sonhos que me acompanharam nos primeiros dias, vi que pouco a pouco a energia densa estava sendo liberada, limpa.

Tive sonhos estranhos com várias pessoas do passado. Percebi que estava revivendo histórias e ativando memórias, sentimentos para serem curados com a conexão do perdão.

Ainda não entendia muito bem, naquela época, por que as coisas ruins se repetiam, nem como faria para perdoar e limpar de meu coração situações nas quais eu fui vítima.

Pensava assim: que sentido teria pedir perdão para quem me agrediu?

Olhava para meus sentimentos com muita honestidade, e sempre fui assim, pois não faço parte do grupo que faz de conta que tudo é lindo, e sempre dá certo. Pois penso que a vida não é assim. As coisas quase sempre são bem normais para todo mundo, com direito a alegrias e tristezas, conquista e cansaço, e aprendi que está tudo bem ser assim.

No caminho espiritual, inclusive no Ho'oponopono, temos de muitas vezes nos confrontar com o lado obscuro, culpa, dores, memórias de raiva, abandono, decepções. Simplesmente porque a vida é desse jeito e, se não olharmos para os pontos negativos, não tem cura nem evolução. Então, amigo leitor, quando você estiver cansado, sem saber o que fazer, relaxe, deixe a onda passar, pois tudo passa, e acredite em sua prática do Ho'oponopono porque vai funcionar.

❈ ❈ ❈

O milagre do toque do Ho'oponopono pode vir de muitas formas

Não sei como chegou até você, pode ser que um amigo tenha lhe enviado um texto, ou você "sem querer" assistiu a um vídeo, ou alguém falou do Ho'oponopono... O que importa é que você está aqui comigo agora, lendo este relato que faço com o coração totalmente aberto, disponível a ajudar.

Você já recebeu o milagre do toque do Ho'oponopono

Saiba que estamos juntos nessa caminhada, e meu desejo é que você receba essa energia que pode curá-lo, e transformar completamente sua vida.

Tudo começa com a repetição das palavras mágicas do Ho'oponopono, então pare por alguns minutos e repita:
- Sinto muito
- Me perdoe
- Te amo
- Sou grato

Enquanto escrevia este primeiro capítulo de apresentação do livro, muitas memórias vieram à mente, e esta canalização se destacou. Gostaria de que você que está começando essa jornada refletisse sobre quanto a vida pode ser melhor, quando entendemos o nosso papel, como ensina Nara, um ser de Órion, na sintonia do Ho'oponopono, e da evolução do planeta.

AQUILO QUE VOCÊ ACEITA EM SUA VIDA, É AQUILO QUE VOCÊ TERÁ
Canalização Nara de Órion – de 24/11/2018

"Meus amados, pensem em suas atitudes sempre!
As atitudes, muitas vezes, elas saem de vocês de forma descontrolada.
Algumas pessoas querem ser boas e acabam sendo boas quando se comprometem com a bondade.

Mas em todos os outros momentos da vida, quando não pensam, quando agem apenas por impulso ou apenas de forma reflexiva, reacionária, reagindo àquilo que a vida oferece, podem ser egoístas, mal-educadas, desrespeitosas. Podem acolher a tristeza como referência, as mágoas como caminho, as dores como os traços de sua face.

Meus amados, aí nós perguntamos a vocês:

Quanto de sua personalidade, de seu eu, se manifesta de forma consciente, escolhendo o bem, e quanto de seu eu age apenas por impulso, por reações, por ressonância ao meio em que vocês vivem?

O bem, o amor, a vida – no sentido positivo das experiências –, não deve ser uma escolha apenas em momentos conscientes.

O bem deve ser uma experiência constante.

O compromisso com o bem deve ser um compromisso constante, você com você.

O bem é algo que lhe faz bem.

Busquem essa sintonia, esse sentimento profundo de amor, e observem o que vocês aceitam para sua vida.

Porque aquilo que você aceita para sua vida determina o resultado.

Aquilo que você escolhe todos os dias determina sua vida.

Quando você acordar pela manhã e olhar sua face no espelho, faça uma escolha consciente.

Olhe para si mesmo e diga para você mesmo como será seu dia.

Olhe para aquela imagem refletida e diga: "Hoje meu dia será assim: um dia de alegria, um dia de trabalho realizador, um dia de abundância, um dia de amor, um dia de harmonia, um dia de milagres, um dia de oportunidades, um dia de bênçãos, um dia de saúde, um dia de consciência afetiva e amorosa, um dia de ajudar os outros, um dia de fazer o bem!

Respire isso. Pense nisso.

Nesse momento em que você olha no espelho, e você escolhe qual a energia de seu dia, qual a ação de seu dia, qual a vibração que você coloca para você, quando você faz essa escolha, você determina sua vida.

A energia de criar seu destino não é uma energia para um momento especial.

É uma energia que vibra em você todo o tempo.

Por isso, muitas pessoas não encontram sucesso em sua conexão com o Divino, em sua coautoria com o Deus Criador.

Porque elas criam, ou pensam que criam, apenas em momentos especiais. Quando a vida é criada desde seu despertar até seu adormecer.

Inclusive, meus amados, os sonhos são criados. A noite de sono é criada. Todos os momentos que você vive, mesmo quando não está conscientemente acordado, você está vivendo uma vibração. E a soma dessa vibração é a cocriação.

Você está em constante exercício criador, você está em constantes experiências cósmicas.

Você é uma experiência cósmica.

Você é um ser especial para Deus!

Você é filho e coautor de seu destino com Deus.

Mas não em exercícios especiais, porque os exercícios especiais tomam cinco segundos de seu tempo, se comparáveis com todo o restante de sua vida e de sua atuação neste planeta.

Você quer ser Deus, você quer ter uma vida iluminada, abençoada, próspera e feliz?

Crie isso todos os dias, na hora em que você despertar.

Ative isso todos os dias, quando você tomar um copo d'água. Segure a água, o copo d'água, em suas mãos e pense assim:

"Estou bebendo saúde, estou bebendo prosperidade, estou bebendo abundância, estou bebendo amor".

E tome essa água.

Ela será seu remédio, ela será a sua cura.

Você deve ativar sua consciência crística todos os dias, todas as horas, em todos os momentos!

Quando você olhar alguém e vir a presença dessa pessoa, saúde o Deus nessa pessoa, saúde a energia Divina que ali está.

Porque assim, a você ela retornará com as mesmas bênçãos que você oferecer.

Esse é um mundo mágico.

O mundo em que vocês vivem é um mundo mágico, onde o Espírito toma forma, onde o amor se manifesta, onde a abundância convive com vocês o tempo todo.

Porque escassez e abundância são a mesma energia.

Associe isso em você.

Pense os milagres, aceite os milagres.

Você quer amor, manifeste o amor.

Ame as pessoas, ame os filhos, ame os parentes, ame os amigos.

Todos os processos de cura estão em cada ser.

Olhe para si mesmo, olhe para aquilo que você está alimentando.

E aquilo que você aceita como real, aquilo que você alimenta dentro de você, é no que você se transforma a cada dia de sua existência.

Eu sou Nara.

Sirvo à hierarquia de Órion e aqui estou nesse momento da ascensão planetária, trazendo minha vibração de cura, meu poder de amor e a abundância eterna dos desígnios do Pai.

Sejam luz, sejam abundantes, sejam prósperos, sejam amáveis, imagem e semelhança do Deus que eu sirvo, que é profundo Amor!

Depoimento

Nascida em 1959 e agraciada com o nome de Maristela, que significa "a estrela do mar", eu cresci curiosa com as aberturas universais e conectada à energia da natureza e à vida que ali estava.

Na fase adulta, casada e mãe de dois filhos, passei a viver e atuar no que descobri como meu propósito de vida. Pela coragem em mim enraizada me tornei terapeuta, e pude passar a contribuir para que pessoas busquem e descubram seu real valor e significado em suas vidas.

Nessa jornada muitos processos se tornaram desafiadores e difíceis, entre eles um momento especial em que, depois de várias tentativas de adequação, percebi que minha prática amorosa e humana não se encaixava em grupos institucionais e passei a questionar a real viabilidade do serviço nacional que me propus vivenciar. Porém, sabia em minha alma que havia um plano divino para minha atuação, algo maior sobre o qual eu poderia sentir.

Em 2012, conheci o trabalho de Maria Silvia e percebi, por meio da literatura, um chamado grandioso à consciência da criação e da autorresponsabilidade.

Mais tarde tive a oportunidade de participar da primeira turma do curso *on-line* "Transformando Relacionamentos com Ho'oponopono", onde vivenciei energeticamente a força do conceito mãe, dessa oração, que trouxe para mim a vivência do 100% de responsabilidade sobre a minha própria vida.

Pelo exemplo de evolução da própria MS, pude constatar os resultados dessa prática, transformando e permitindo que ela mesma se mostrasse mais flexível, amorosa e consciente no decorrer de cada processo e vivência, o que me encantou.

Desde então aplico em minha própria vida, e de cada ser divino que cruza meu caminho e me permite contribuir com seu despertar nessa incrível técnica, tão libertadora quanto consciencial.

Conhecer o Ho'oponopono, e a querida MS, foi um lindo presente do Universo, que mais uma vez mostrou sua grandiosidade, e trouxe para minha convivência pessoas abundantes e engajadas em melhorar a vida no plano coletivo, criando nessa vivência um mundo melhor, mais justo, empático e amoroso.

A força da luz e amor abordada em todo esse processo traz ao meu ser a certeza de que a Gratidão é a chave que abre as portas para ser feliz no aqui e agora.

Gratidão, Namastê!!!

Maristela Santos, 60 anos, terapeuta floral, Consteladora, Cristais, Reiki, Apometria.

Vive em Florianópolis, Santa Catarina.

Depoimento

Eu sou a manifestação crística na terra, assim como cada um dos leitores desta maravilhosa obra. Eu, Celestina M. Gonçalves, reconheço o Milagre da cura de uma síndrome rara. Muitas vezes sem entender do milagre, mas não menos convicta das infinitas possibilidades que a vida nos proporciona, entreguei aos Mestres a minha vida e me coloquei a serviço.

Passamos por experiências extraordinárias que com certeza reconhecemos como um salto quântico que é dado para nossa Ascensão, embora tenhamos algumas vezes dificuldades de entender o propósito.

Ao longo dos dez últimos anos, foram muitos os chamados para que eu pudesse realizar meu plano divino na terra, todavia as limitações decorrentes do medo, orgulho, ego... também eram muitas.

No Caminho, foi marcante o dia em que conheci Maria Silvia em Florianópolis, há duas décadas. Estávamos ministrando cursos no espaço de Bárbara Rios Machado. Ela, sobre os Mestres, e eu, sobre Terapia Floral. Confesso que a beleza e a ternura nos olhos azuis ficaram em minha tela mental por alguns dias.

Às vezes somos tocados tão sutilmente pelo olhar, pela palavra, por uma mão que nos busca para nos conduzir pelo Caminho dos Milagres que levamos um tempo para entender, sair do controle e navegar neste mundo que não se descreve. Demoramos um pouco para perceber que somos seres em um lindo processo de evolução através do perdão e da manifestação do amor. Passaram-se alguns anos e em 2016 consegui trazer MS para um evento em Porto Alegre/RS.

Assim chegou para mim a MS. Sutil, leve, despertando em mim o desejo profundo de me tornar uma pessoa melhor pelos Ensinamentos dos Mestres e do Ho'oponopono. Sim, foi com ela em um *workshop* presencial no Centro de Treinamentos Raphael que vivenciei as primeiras experiências com essa maravilhosa técnica de me colocar lúcida na Espiritualidade.

Recebi de Maria Silvia uma canalização de Sananda. Inesquecível. Um momento marcado por profundo silêncio em um local onde os ruídos são intensos. No final da canalização, naquele absoluto silêncio, pássaros cantavam intensamente em uma árvore na janela da sala onde realizávamos o trabalho. Foi um marco, pois a canalização trouxe todo o entendimento que eu precisava sobre o adoecimento, a dor, o sofrimento e a cura daquela síndrome.

O Ho'oponopono foi trazendo para a minha vida a capacidade de perdoar, de me entregar a serviço do meu Cristo sem aquela velha ideia limitante de que preciso ser perfeita. Eu sou um ser ilimitado e Divino curando meus medos, culpas, mágoas... aqui na terra. Eu amo o Ho'oponopono e sou eternamente grata a MS pelo cuidado e amor que dedica à humanidade.

Hoje sou voluntária, multiplicando o trabalho dessa Mestre tão amada por tantos irmãos de Caminho que fazem da sua obra neste e em outros planos um instrumento de cura e ascensão.

Gratidão eterna.
Celestina Marques Gonçalves
Psicoterapeuta Espiritualista

Depoimento

Sou a Beatriz e conheci Maria Silvia há cerca de 15 anos.

Foi através do *site* Somos Todos Um, onde MS mantinha uma coluna semanal que trazia temas muito interessantes sobre esoterismo e sobretudo a respeito de meditação e vidas passadas.

Por "vício" profissional, sempre fui um tanto cética com relação a assuntos relativos à espiritualidade. Mas nessa época, após o final de um relacionamento afetivo de muitos anos, me sentia vulnerável e fragilizada... foi nesse contexto pessoal que fui conhecer o grupo de meditação do Espaço Alpha Lux conduzido por MS ... Passei a frequentar regularmente e aprofundei meu conhecimento sobre a Fraternidade Branca...

Na vida profissional, sou médica psiquiatra e trabalho muito, com uma rotina puxada em hospital. O compromisso me afastou do grupo de meditação por alguns anos.

Foi em 2017 que retornei ao Espaço Alpha Lux mais uma vez conduzida pela dor de um problema familiar complexo... Encontrei dessa vez a MS fazendo nos grupos a prática conduzida do Ho'oponopono e, mais do que nunca, tive o acolhimento e o suporte espiritual de que tanto necessitava para enfrentar tantos desafios!!!

Jamais poderei agradecer o suficiente a MS e toda a sua equipe e aos amigos que fiz neste maravilhoso grupo de meditação!

A cada semana vinha tomar minha "dose" desse remédio poderoso chamado ESPERANÇA.

Sou aluna da segunda turma do curso *on-line* "Transformando Relacionamentos com o Ho'oponopono", que é maravilhoso. Recomendo.

E mais e mais minha FÉ foi sendo fortalecida, e tudo isso me ajudou a encontrar a LUZ para seguir meu caminho e enfrentar meus desafios!

Tudo que desejo expressar neste momento a MS é GRATIDÃO!!!

Hoje em dia ampliei minha visão sobre a terapêutica de problemas emocionais agregando a MEDITAÇÃO como mais uma ferramenta a ser utilizada na maioria dos casos.

Beatriz Albuquerque, médica psiquiatra, reside e trabalha em São Paulo.

❈ ❈ ❈

Depoimento

Meu nome e Amélia Helena Piccazio. Sou funcionária pública e moro no Itaim Bibi, em São Paulo.

Conheci a MS há 30 anos através do livro *Os Sete Mestres*, cujo conteúdo muito me impressionou positivamente, haja vista a quantidade de mensagens lindas, carregadas de amor e sabedoria.

A Maria Silvia é uma pessoa amorosa, sensível, séria e muito generosa, que doa grande parte de seu tempo ajudando os demais, por meio de trabalhos gratuitos, como doação de reiki, grupos de oração, mensagens canalizadas, disponibilizadas no *site*, lives semanais. Além disso, organiza cursos visando ao aprimoramento espiritual e fortalecimento emocional, a exemplo do Ho'oponopono.

Minha experiência com o curso do Ho'oponopono foi muito enriquecedora, na medida em que trata da evolução espiritual por meio da prática do amor e do perdão, possibilitando uma melhora na qualidade de vida e das relações pessoais, limpando crenças limitantes e viabilizando um caminho mais feliz e suave.

Capítulo 2

O milagre da investigação

Quando você questiona os caminhos da sua vida
Você cria seu destino

Investigar, perguntar, questionar é o vento fresco que leva as sementes das novas flores que irão germinar em nossa vida.
Flores de esperança, flores de liberdade, flores do milagre da expansão da consciência. Quando você questiona sua vida, quando você sai da posição de vítima de um destino infeliz, e começa a perguntar:
Por quê, para quê?
Pode ter certeza de que a vida está se abrindo.

Alguns anos antes de entrar na sintonia do Ho'oponopono, recebi uma orientação que me marcou profundamente: falava que devemos nos tornar investigadores de nossa própria vida, de nossas verdades, daquilo que acreditamos.

Aprendi que devemos questionar nossos limites, porque somente assim poderemos evoluir.

Achei forte e libertador esse tipo de pensamento, e deixei fluir como sempre faço; depois, cheguei a conclusões muito importantes, que realmente deram um impulso de mudança em minha vida.

O aprendizado foi transformador e se expandiu no Ho'oponopono, que me colocou diante de muitas perguntas que mudaram minha percepção.

Compartilho, a seguir, mais uma canalização para reflexão.

❀ ❀ ❀

Quem faz seu destino?
Canalização Claire - Chama Branca 13/4/2016

As pessoas se preocupam muito com seu destino. As pessoas se deitam sem conseguir dormir, pensando em seu destino, em suas forças, naquilo que deve ser feito, em suas muitas obrigações... Elas se preocupam com a saúde dos filhos, com o caminho e o destino de tudo o que está à sua volta. E nós lhes perguntamos: quem faz seu destino? Quem constrói as pontes, entre o momento de dor e o momento de alegria? E aonde você quer chegar com seu destino? Muitas perguntas sem respostas. Porque as pessoas não têm todas as respostas. E talvez não tenham também todas as perguntas. Nós aliviamos o sentimento de vocês dizendo que o destino se faz a cada dia, a cada palavra e a cada ação. Mas não se preocupem, não se angustiem e não se cobrem demais. Cada vez que vocês se cobram em excesso, vocês inibem seu instinto criativo. Vão fazendo aquilo que lhes cabe, e deixem a vida se apresentar. Compreendam que há um caminho para cada um. Há um espaço a ser percorrido por cada pessoa, por cada alma. E quando as dúvidas chegarem... Deixem que a vida se apresente. E vão seguindo. Vocês não têm todas as respostas. E vocês não precisam ter todas as respostas. Algumas das respostas que vocês não têm são aquelas que estão sendo criadas no astral. Vocês não têm as respostas, mas vocês têm sua força interior e a energia de seus pensamentos atuais, que estão criando essa resposta.

Por isso, quando dizemos a vocês: foco no bem; pensem o bem, alimentem o bem, trabalhem para o bem... e se fortaleçam todos os dias em boas ações, em boas atitudes, em boas palavras.

Porque será através dessa amálgama que seu destino se mostrará mais belo ou mais feio. É através de suas atitudes hoje que o amanhã poderá ser muito melhor ou pior.

Cada um de vocês tem diante de si sua vida, sua condição de mudar tudo, sua condição de abrir, expandir-se, e a sua condição de se entristecer e fechar. É absolutamente simples. É completamente fácil viver a vida.

Quando vocês se aprisionam aos problemas, estão dificultando todas as ações espirituais. Quando vocês olham demais para o sofrimento, estão impedindo todas as curas.

Soltem a energia. Acreditem nas curas espirituais. Peçam a presença de seres de luz, que orientados – conectados ao Divino – são capazes de trazer sua luz até você.

E abram a energia. Essa é a forma de atravessar as pontes da dor. Essa é a maneira de se conectar com um amanhã mais leve e mais feliz.

Estamos trabalhando em vocês. Estamos construindo essas pontes. Estamos ajudando aqueles que querem ser ajudados, para que tenham um hoje melhor, e um futuro muito mais feliz.

Alguém que será feliz no futuro, meus amados, começa a ser feliz no presente. Alguém que será próspero no futuro sente a prosperidade chegar no momento presente. Aquele que será feliz no amor no futuro começa a amar no presente.

Vocês estão em um momento planetário com incríveis oportunidades. Porque, quando se apresenta a vibração confusa, as dificuldades – que são próprias da transformação –, tudo pode ser criado.

Não é um momento estanque, ao contrário, vocês vivem em um momento de uma dinâmica muito grande. E é exatamente nesse momento, de profundas transformações e de insegurança para tantos, que você consegue quebrar seus cadeados internos.

Nesses momentos de turbulência, você se transforma, sua vida se transforma. E o destino pode se abrir e igualmente se transformar.

Vibrem em sua luz. Vibrem em seu bem. Trabalhem a energia de cura.

A serviço da Chama Branca, eu atuo na vibração do Mestre Seraphis Bey.

Eu Sou Claire. E estou nesse momento me aproximando da vibração de vocês, para criar nesta sala uma grande espiral de luz... Que leve os pensamentos negativos – as dores, as mágoas. Para que vocês sejam limpos.

Somos servidores da Fraternidade Branca. E servidores desse trabalho de elevação da consciência. Vocês são filhos de Deus. Tão deuses quanto o próprio Deus.

Soltem-se dos pensamentos negativos – dos grandes medos, das grandes raivas, das grandes dores. E coloquem o foco no melhor de sua vida. Pensem no melhor dos mundos. E, ali, foquem toda a sua atenção.

Para concluir, amem profundamente quem vocês são. É esse o caminho de cura. É esse o caminho da elevação.

Bênçãos e luz. Sigam em paz.

❀ ❀ ❀

O milagre da investigação rompe barreiras emocionais

Compreendo que muita gente chega ao Ho'oponopono por uma necessidade. Alguns têm questões complicadas de relacionamentos; outros se sentem perdidos no amor, sozinhos, abandonados, tristes; outros ainda estão sem rumo, ou sem dinheiro, enfim, são muitas questões. Aliás, cada ser humano traz uma ou mais questões para serem trabalhadas, por isso, se neste momento você está olhando para si mesmo e pensando que tem muita coisa para resolver, aceite isso com tranquilidade, porque todos temos o que resolver.

Quando fiz meu curso *on-line* "Transformando Relacionamentos com Ho'oponopono" e criei um método para vivenciar cada situação da vida, pensei em mim e nas pessoas que atendia. Percebi que somos todos um, até nos problemas.

Descobri que aquilo que me abalava também perturbava as pessoas à minha volta.

Tudo começa com você consigo mesmo, passando por você e as pessoas, amor e parcerias, pai e mãe, filhos, doença, dinheiro, astral. Tudo é relacionamento.

Dessa forma nasceu o primeiro passo do meu curso "Transformando relacionamentos com Ho'oponopono":

Primeiro Passo: Você cria o seu destino!
O mundo é um reflexo de seu interior.
Tudo começa em você.
Seu olhar define tudo à sua volta!
Você projeta no mundo aquilo que carrega dentro de si mesmo.

Tenho certeza de que encarar esse primeiro passo é meio complicado para algumas pessoas.

Pode ser que você, neste momento, esteja bem chateado com vários pontos de sua vida e se sinta completamente impotente para resolvê-los, então pode não fazer sentido olhar para si mesmo em busca de respostas.

Pode ser que você olhe para si mesmo e pense:

"Eu não criei nada disso. Eu recebi maus-tratos do meu pai, ou da minha mãe, ou do meu marido... e eles são os culpados".

Você pode também estar pensando que esse passo não se adapta a você, pois você está tentando superar tudo isso.

Pode ser também que você tenha outros motivos de tristeza, de dor; que tenha feito de tudo para ter um bom emprego, que se dedicou para ter um bom resultado financeiro e tudo deu errado. Talvez você pense que foi o destino que tirou algo muito importante, algo que você considere um "pagamento justo", e por isso sinta mágoa, dor, raiva.

Tudo isso é muito triste.

Seja qual for o motivo de sofrimento, meu amigo, sinto muito por isso. Perdoe-me por estar neste momento ativando esse sentimento. Eu te amo, ofereço amor para essa cura, e sou grata por estar aqui com você abrindo essa energia para limpar.

Chamo a energia do Ho'oponopono para essa situação:
- Sinto muito
- Me perdoe
- Te amo
- Sou grato

❀ ❀ ❀

O milagre da investigação exige uma preparação interna

Tudo o que nos acontece, mesmo as coisas que nos desagradam, tem um sentido maior além da contrariedade. O primeiro passo para melhorar seu estado de humor e fazer as pazes com o destino é aceitar a lição, aceitar a situação e o que ela tem de ruim. Se você está triste, levou um fora, está se sentindo derrotado ou sem forças, respire e absorva o "tombo". Absorva o fracasso temporário. E se desejar explicações e o entendimento sobre o que aconteceu... saiba que só depois do ferimento ter sido tratado e estar cicatrizando é que haverá espaço para a investigação.

Sei que muitas pessoas sentem remorso e até culpa por ações erradas ou egoístas. Infelizmente todos nós já tivemos nossos momentos escuros. Calma. Está tudo certo. Já passou! Se não der para voltar atrás e resolver, mudar os rumos, aprendemos, com o Ho'oponopono, a olhar para o ocorrido sem essa culpa. Vamos lembrar que, às vezes, as situações são cármicas. Algo até de outras vidas. Seja qual for a raiz disso, aceite que você está envolvido e que tem poder para compreender e transformar sua atuação diante do desgosto.

Pergunte para si mesmo:
Por que tenho de passar por isso?
Para que serve essa lição?
Por que estou dando tanto valor a esse caso?
O que posso mudar?

Dessa forma, você estará transformando mágoas e dores em um aprendizado.

Seja positivo nessa autoanálise.

O pessimismo, assim como o estado de remorso e de culpa, afasta você de uma solução. Mas também é importante considerar que nem tudo tem salvação. Sendo assim, mesmo com o ego quebrado, ou até já mais conformado, com um sentimento de paz, acredite: tudo isso vai passar.

O Ho'oponopono é usado para dissolver conflitos e mágoas, primeiro dentro de cada um. Dessa forma, o caminho da cura é se perdoar por estar envolvido com esses fatos, e por ter tomado as atitudes que tomou. Esse perdão inclui você e as outras pessoas envolvidas.

Ativando o milagre da investigação

Entendo você, amigo leitor, respeito sua dor, seus motivos. Sei que lendo essas palavras você pode estar pensando que é difícil mudar, mas quero que saiba que podemos juntos melhorar o que você está enfrentando, com o Ho'oponopono, ativando o milagre da investigação.

Continue a leitura deste livro, invista seu bem mais precioso que é o tempo, para aprender, acolher o Ho'oponopono, e pode ter certeza de que os resultados virão.

Milagres exigem uma certa dedicação.

Agora você está aprendendo um pouco mais sobre o milagre da investigação, e o objetivo é mostrar-lhe que funciona questionar suas verdades, principalmente quando as verdades são tristes, restritivas, limitadoras.

Quando está tudo bacana na vida de uma pessoa, qual a necessidade de fazer perguntas, de investigar?

Nesse caso, quando a vida é feliz, está tudo certo. Porém, quando a vida não está feliz, quando você está sofrendo, por favor, por seu bem, questione suas verdades, seus valores.

Questione as coisas que você acredita, aquilo que você herdou de sua família como diretrizes corretas.

No mínimo ofereça à sua história o direito de estar errada, ou quem sabe mal contada.

❈ ❈ ❈

O milagre da investigação acontece por seu olhar

Logo que chegamos ao Havaí ficamos hospedados em um hotel que parece uma cidade. Impressionante o tamanho e a variedade de lugares, atividades, ruas, lojas. Tinha de tudo por lá.

Chamou minha atenção a quantidade de orientais e suas roupas diferentes. Eles realmente se vestem como querem. Desde roupas de praia, calções, bermudas, vestidos arrumadinhos a simples roupinhas estampadas como as que vemos vendendo em nossas praias no Brasil.

Como disse meu marido Fabio: "Aqui está tudo certo. Qualquer roupa serve".

Observando a diversidade, reparei que as lojas também seguiam o mesmo padrão incoerente. Uma loja de grife coexistia ao lado de uma loja de lembrancinhas, e estava tudo normal, e não era o caso de espaços reservados, porque tudo seguia esse estranho ritmo, que aparentemente não fazia sentido.

Fiquei pensando: seríamos nós brasileiros escravos da forma, pessoas que desejam ser lindas o tempo todo? Sem gordurinhas, com um corpo esbelto, cabelos pintados, e demais ditames do perfeccionismo? Não sei dizer. Nesse caso fiquei apenas com a pergunta, sem uma resposta, e tive de me contentar com isso.

Aliás, no ponto "faça perguntas", "torne-se um questionador das suas verdades", teremos de nos conformar em muitas vezes ficarmos somente com as perguntas, porque respostas rápidas podem apenas ser uma tentativa da mente consciente de trazer segurança e tapar o buraco que a dúvida provoca. Com isso, ainda que de forma não propositai, essa atitude pode impedir a expansão da consciência maior.

No meio da questão visual, das roupas, das lojas que o complexo hoteleiro me trouxe, lembrei de um trecho que li em um livro sobre a visão kahuna interpretando o corpo e a obesidade.

O texto dizia que cada pessoa deve ser respeitada em sua individualidade, que nem todos têm de ser magros para se sentirem bem. Cada um do seu jeito, cada um com sua realidade corporal. O texto dizia também que a obesidade deve ser tratada quando é realmente um problema, não como uma doença social, ainda que hoje nossa sociedade realmente precise se ajustar para cultivar e consumir alimentos mais saudáveis.

Lembrando disso, ficou claro para mim a necessidade de soltar a forma, deixar de lado convenções, e a necessidade de encaixar perfeitamente tudo o que fazemos e sentimos na sociedade, pois cada um de nós tem suas coisas diferentes, seu gosto, seu jeito de falar, de comer, de andar, de ver a vida.

Quando queremos encaixar as pessoas em nosso mundo perfeccionista, a chance de causar sofrimento é enorme.

❊ ❊ ❊

Pratique o milagre da investigação

O Ho'oponopono trará para você respostas incríveis, mas comece com as perguntas.

Vá aos poucos, com muita coragem e muita luz, questionando suas verdades tristes, e observe os resultados.

Ah, é bom lembrar que vez por outra você terá de conviver com o desconforto temporário e também com a constatação de que deve investir em mudanças profundas em sua vida. Mas mantenha a esperança nos resultados positivos de seu mergulho, porque foi exatamente o que aconteceu comigo anos atrás, e está acontecendo com meus alunos do curso *on-line* "Transformando Relacionamentos com Ho'oponopono".

Quem estava se sentindo vítima das situações complicadas, de relacionamentos falidos, está descobrindo que pode mudar o ritmo das coisas, e que de alguma forma colaborou para o sofrimento. O que é algumas vezes bem doloroso, mas também uma grande libertação.

❀ ❀ ❀

O milagre da investigação serve para tirá-lo da dor

Anos atrás, eu me sentia completamente impotente em melhorar minha vida.

Sofria com a ingratidão, porque muitas vezes tinha feito coisas lindas para as pessoas, e poucas vezes tive o reconhecimento.

Sofria porque recebia a ingratidão, mas não tinha a mínima noção de que me faltava expressar para o Universo, para o criador, a gratidão por tudo de bom que eu recebia.

Nunca tinha parado para pensar que é importante reconhecer e agradecer pela saúde, pela casa que você mora, a cama limpa que você dorme, pelo prato de comida abençoado, pelo carinho de alguém.

O fato é que na maioria das vezes colocamos o foco naquilo que não recebemos, e perdemos, sem saber a conexão com o bem.

Aprendi com os xamãs kahunas, pais do Ho'oponopono, algo fundamental que compartilho com você agora:

Foco no bem!

A gratidão desse "Foco no bem" traz para nós uma incrível possibilidade de troca de energia.

Quando você, por meio da expansão da consciência, que tem como ponto de partida a investigação, escolhe perguntar, e ao mesmo tempo colocar o foco no bem, vai deixar de ficar tentando entender por que a vida está ruim ou o que fez para receber determinada maldade.

Com a prática você vai aprender como mudar, como criar uma nova realidade a partir de um foco positivo.

❀ ❀ ❀

O milagre da investigação traz perguntas certas, respostas libertadoras

O Ho'oponopono traz respostas curativas.
O Ho'oponopono mostra onde os pontos estão presos em você, e como desatá-los.

Aprendi que, para termos respostas boas, inspiradoras, precisamos aprender como perguntar e o que perguntar. Descobri também que precisamos estar abertos para entender as respostas, e mudar coisas em nós caso seja necessário.

Algumas questões podem apontar para atitudes suas que estão erradas, ou foram erradas, por isso os resultados são infelizes. Em meu caso, por exemplo, descobri que por fazer demais, ajudar demais, me dava o direito de dar palpites "bem-intencionados" na vida das pessoas. Mas eu era invasiva e não percebia.

Foi difícil olhar para isso.

Foi difícil me soltar das pessoas, deixar que cada um seguisse seu rumo sem interferir.

Hoje está muito claro, estou disponível para ajudar quem me pede ajuda! Não fico o tempo todo dando palpite na vida das pessoas. Eureka.

❀ ❀ ❀

Você precisa estar aberto para praticar o milagre da investigação

Sempre me perguntei o porquê da ingratidão. Durante anos fiz essa pergunta, mas hoje entendo que não tinha abertura para a resposta.

Queria algo que me explicasse e me confortasse, mas não estava preparada para a resposta.

Lembro que em um texto sagrado li algo sobre desapego, sobre soltar as pessoas, sobre não esperar aprovação, que essa atitude estava ligada ao ego.

Tipo: faço tudo para ser amado.

De fato, o texto fazia todo sentido. Mas sabe quando você lê e não entende?

Isso acontecia comigo.

Eu achava que era desprendida, que fazia por amor, que não esperava nada em troca, mas na verdade esperava. Esperava ser querida, amada, aceita.

Acredito que você também terá suas descobertas quando questionar sua vida, quando tiver coragem de questionar suas atitudes e escolhas do passado, e aí o Ho'oponopono vai trazer as curas necessárias.

Quando criei o método que gerou o curso "Transformando Relacionamentos com Ho'oponopono", tinha como objetivo tornar as coisas mais fáceis para quem estava querendo realmente uma mudança significativa. De uma forma muito didática, fiz um passo a passo, com orientações e estudo de caso, porque muitas vezes a pessoa quer mudar, mas não consegue tomar as atitudes necessárias; não entende por onde começar e nem sempre tem coragem de olhar para si mesmo.

Ho'oponopono começa em você para você.

Quando você encontrar as perguntas corretas, as respostas virão, mas não tenha pressa. Tudo tem seu tempo.

O milagre da investigação precisa de um tempo de amadurecimento da pergunta.

Se você está infeliz no amor, provavelmente sua pergunta deve ser:
- Por que não tenho ninguém em minha vida?
- Por que estou sozinho?
- Por que ninguém me ama?
- Por que só encontro pessoas que não querem compromisso?

Que tal você perguntar assim:
- O que posso fazer para ser mais atraente no amor?
- O que posso mudar para ter mais amigos?
- O que posso fazer diferente para ser mais amado?

São pequenos toques nas velhas questões que podem ajudar muito.

Quero convidar você a pensar em suas perguntas.

Desculpe, amigo, se causei desconforto, mas quem disse que para mudar a vida, encontrar mais amor, prosperidade, sucesso, iremos viver na zona de conforto?

Claro que não. Conforto, segurança, conhecer todas as respostas pode ser muito limitador.

Sua alma quer se expandir.

Porém, não precisamos associar desconforto a sofrimento, ok?

Muitas vezes ficar sem resposta, ter de abrir a mente e o coração pode ser algo incrivelmente positivo.

Espero que você esteja pronto para o milagre da investigação, e as curas que o Ho'oponopono trará para você.

Regra de ouro do Ho'oponopono: Você é 100% responsável por tudo em sua vida.

Veja o lado positivo disso: Se você criou, poderá recriar, fazer diferente.

❀ ❀ ❀

Está chegando o tempo do renascimento
Canalização Arcanjo Miguel, 5/11/2012

"Convidamos vocês a investigar seu propósito: quem você é?

O que você quer?

Como se conduzir?

Quando você tem essa força interior, você sabe trocar com o mundo, falar com as pessoas, posicionar-se. Não há mais tempo de guerra, de luta nem de agressões.

O que vocês veem aí fora, em termos de agressão que tanto os incomoda, não deve ser mais parte de seu mundo. O mundo faz o convite para o estresse. O mundo faz o convite para a briga. E vocês se posicionam, internamente, dizendo sim ou não a qualquer um desses convites.

Muitos de vocês já alcançaram um patamar elevado de consciência. E não é porque vocês estão enfrentando alguma espécie de desafio ou desgosto que vocês estão totalmente errados.

Não permitam que as situações do mundo destruam sua autoconfiança. Não permitam que os erros, do externo, as situações mal resolvidas, a falta de um propósito, de dinheiro ou até mesmo de trabalho os afastem da consciência de que vocês são o que são e que estão fazendo, consigo mesmos, um bom trabalho.

Em um momento de provações e de elevação de consciência, de profunda transformação, muitos daqueles que estão no caminho espiritual estão enfrentando desafios. A hora do nascimento é dura! A hora do nascimento é uma grande transformação! E ela vem de um profundo esforço. Vocês estão vindo para fora, vocês estão assumindo sua força, sua luz e seu caminho. E isso não é fácil.

Então, não se culpem das coisas erradas. Não se vejam como pessoas menores ou desqualificadas. Isso é um ataque das trevas. Isso é um ataque de um corpo profundamente enganoso, que também está em vocês. Vocês são a luz, vocês são a sombra. Cada um é sua própria sombra. E o autojulgamento, quando feito a partir da escuridão, pode ser profundamente destrutivo.

Vocês não têm de ver apenas o lado lindo, o lado luminoso de vocês. É correto ter a consciência de quem de fato vocês são, com seus acertos e erros. Mas, por favor, meus amados, potencializem os acertos, vejam o caminho percorrido, entendam o importante compromisso que vocês assumiram com sua evolução. E não se diminuam, não se culpem em excesso, porque isso pode até desviá-los do compromisso maior. E o compromisso maior é ser o nu. É você estar inteiro com você, usando inclusive seu lado sombra.

As pessoas devem ter a consciência de que, dentro do caminho espiritual, uma hora ou outra será necessário abraçar a sombra, acolher a sombra. O que significa reconhecer seus defeitos, reconhecer suas falhas e olhar de frente, e com amor, sua imperfeição.

No mundo espiritual, no mundo elevado do espírito, as pessoas são transparentes para os seus mestres, para os seus anjos, para os seus professores. Vocês são transparentes para nós e não precisam ser perfeitos para serem amados; sejam perfeitos no amor e em sua verdade.

Recebam nossas bênçãos e nossa luz. E sigam nesse caminho de paz e de transformação.

A força está em vocês. A luz está em vocês. A verdade está em vocês.

Nós estamos cuidando da Terra. Nós estamos cuidando de vocês.

Em sintonia com a Chama Azul e as forças do Arcanjo Miguel, Eu Sou Fé e derramo essa força de Luz para todos os que aqui estão presentes. Sigam sua intuição e não tenham medo de errar, porque o erro faz parte do acerto. Sem o erro, sem as situações de engano, vocês não teriam a força do discernimento. O erro, ele ensina vocês a como trilhar, daqui para a frente, um caminho de acerto.

Essa é a fé trabalhada. Esse é o caminho do homem que aprendeu, que cresceu e que evoluiu. Como da borboleta que vem da lagarta, como da criança que rompe a bolsa do útero de sua mãe e agora caminha por si mesma, com toda a sua força e com todo o seu poder.

Nós estamos potencializando o bem de vocês, para o seu nascimento, em uma nova etapa espiritual. Muitas energias e muitos seres de luz estão trabalhando em vocês. Foquem no bem, olhem para o bem e reconheçam quem vocês são. Não camuflem seus erros; assumam, porque eles trarão a força de sua manifestação.

Bênçãos...

※ ※ ※

Depoimento

Sabe aquela pessoa que com poucas palavras consegue te deixar refletindo por dias?

Pois bem, essa é a Maria Silvia.

Eu a conheci em meados de 2005 através de sua coluna no *site* Somos Todos Um.

O encontro "de verdade" aconteceu apenas em 2012, quando comecei a frequentar seu espaço Alpha Lux em São Paulo. Na época me senti muito acolhida e tive aquela sensação de que estava retornando para casa e para minha família.

A Maria Silvia é uma pessoa prática, que nos ensina a descomplicar a vida.

Lembro-me de que, quando ela trouxe a técnica do Ho'oponopono para as reuniões em Alpha Lux, não podia ter sido diferente. Foi simples, foi profundo e transformador.

Eu já tinha lido o livro *Limite Zero* de Joe Vitale há alguns anos, mas na época confesso que achei sem sentido e até um pouco fantasioso. Depois de um tempo e muitos "perrengues", como a MS diz, fui vencendo minha resistência inicial.

Como já tinha muita confiança no trabalho da MS, resolvi me abrir novamente para escutar sobre o Ho'oponopono: antes tarde do que mais tarde ainda.

Foi na hora certa.

Pouco tempo depois, descobri um câncer de tireoide, e junto vieram o medo e aquela velha pergunta: por que eu?

Enquanto estava no hospital, fui sorteada em uma *live* da MS com um japamala.

Foi um presente e um puxão de orelha espiritual:
Vanessa, o que está fazendo?
Não está vendo os sinais?
Está praticando o Ho'oponopono?
Hoje estou curada e seguindo em frente, mas agora assumi as práticas.
Lembram das poucas palavras que a MS solta e faz a gente refletir?
Então... eu refleti, e estou mudando na vibração do amor do Ho'oponopono.
Esta pequena narrativa é um pouco da minha história.
Eu me chamo Vanessa, vivo em São Paulo, frequento o espaço Alpha Lux, tenho 37 anos, casada, psicanalista e definitivamente aberta para o novo e descomplicado.

❀ ❀ ❀

Depoimento

Meu nome é Mayla. Sou de Belo Horizonte, tenho 35 anos, casada, professora de inglês, espanhol e português e hoje atuo na educação infantil bilíngue. Revisora, pesquisadora e tradutora.

Venho de uma formação católica quando criança, sou espírita, reikiana e já passei por experiências de tratamentos e terapias holísticas, como reiki, homeopatia, constelação familiar.

Conheço e acompanho a Maria Silvia há quase quatro anos e em pouco tempo esse canal de luz, que é nossa querida MS, transformou por meio de sua forma de ser, viver, sentir, e de seu trabalho, minha vida para melhor por completo. Meu primeiro contato foi por meio de vídeos maravilhosos do YouTube, depois *lives* no YouTube e Facebook, bem como *posts*. Fiz o curso "Os Sete Mestres, e as Meditações dos Mestres" em uma fase de depressão, excesso de peso, medo, decepção nas áreas familiar, amorosa e profissional.

E boom! Abriu-se luz maior em meus caminhos. De forma humilde, iluminada, verdadeira e serena, MS junto aos Mestres e Seres do Bem nos conduzem a curas e avanços com amor. Fiz o curso do Ho'oponopono, bem profundo e com duração generosa, e TODAS as áreas da vida mudaram para melhor, porque a mudança interior e de perspectivas internas foi ativada.

Os *workshops* presenciais são divisores de água para descortinar o Bem Maior em nossos corações e descomplicar nossa vida e histórias. Hoje faço o curso "Portais da Ascensão" e tenho a honra e a graça de Deus de contar com essa pessoa e profissional de puro valor, amor e competência que é a MS.

Para mim, o diferencial da MS é que ela consegue trazer, para a prática, o perfil e a vida de cada pessoa, formas reais de curas e transformações.

Por meio de real carinho, autoridade moral, vivência, cuidado e acolhimento com o outro, ela nos auxilia a promover nossa autoiluminação.

Sem *marketing* barato, sem ilusões mirabolantes, sem cultivar dependência perigosa e doentia, sem ser de um jeito *on-line*, de um jeito ao vivo, de um jeito com quem paga por mais serviços e de outro com quem usufrui somente dos trabalhos gratuitos.

Ela é do jeito que é, única e especial; expõe suas fragilidades, dificuldades, conquistas e superações, e isso nos encanta, motiva e nos eleva, essa proximidade.

Gratidão infinita é o que resume meu sentimento por ela.

❀ ❀ ❀

Depoimento

Shatya! Em sânscrito significa verdade. A verdade me levou a Maria Silvia Orlovas (MS). Sim, a verdade! Eu me encantei (me encanto!) pela forma verdadeira com a qual MS aborda assuntos tão delicados, em regra, que envolvem tanto padrão de dor.

Com a habilidade de terapeuta, MS nos faz entender a mensagem, por mais "não fofinha" (risos) que seja.

Agradeço, em especial, ao nosso Mestre Sathya Sai Baba por me colocar em sua sintonia. A partir de seu dom, para transmitir ensinamentos, pude enxergar mais longe. Parafraseando Isaac Newton, "se consegui enxergar mais longe é porque procurei ver acima dos ombros dos gigantes".

Assisti a muitos vídeos, muitos! Até que decidi dar "um passo a mais" e me tornei sua aluna. Sem a menor sombra de dúvida foi um dos melhores investimentos que fiz e faço!

Iniciei com o Curso "Transformando Relacionamentos com Ho'oponopono" (4ª Turma) e atualmente sou aluna do Curso "Portal da Ascensão" (1ª Turma).

O Curso "Transformando Relacionamentos com Ho'oponopono" mudou minha vida! Muito embora eu já tivesse conhecimento (objetivo) da técnica de cura ancestral havaiana, idealizada por Morrnah Simeona, não sabia como praticar.

Maria Silvia Orlovas, módulo a módulo, em seu curso, me ensinou que o processo do Ho'oponopono é, sobretudo, uma experiência vivencial.

Ou seja: não existe o "lá fora"!

O que acontece "lá fora" é uma projeção do que acontece dentro de nós. Por isso, precisamos "limpar"/"purificar" nosso interior para então alcançarmos a cura.

Essa purificação/limpeza venho, paulatinamente, alcançando com a prática do Ho'oponopono, repetição das quatro frases:
- Sinto muito
- Me perdoe
- Te amo
- Sou grata

É importante repetir com muita intenção e sobretudo ação! Sim, ação!

A espiritualidade está aqui para nos impulsionar, contudo, não fará por nós.

Mas, fato, quando dei meu primeiro passo foi "milagroso"!

Como assim, "milagroso"?!?

"Milagroso" porque consegui compreender que "não posso evitar que as aves da tristeza sobrevoem minha cabeça, mas sim que façam ninho" e assim internalizei o princípio basilar do Ho'oponopono:

"Somos 100% responsáveis por tudo que acontece em nossas vidas" e, a partir de então, amparada na frase do Mestre Seraphins Bey,

"O mal serve ao bem", inaugurei uma nova Marília Baraúna e passei a enxergar meus desafios como "marolas", confiante de que "tudo passa!", e que devo estar atenta para agir, ou não agir, diante das situações, tirando o devido ensinamento, para não mais atrair situações semelhantes e galgar a efetiva libertação.

Finalizo, externando meu carinho e minha admiração, com uma passagem de Charlie Chaplin: "Cada pessoa que passa por nossa vida passa sozinha, não nos deixa só, porque deixa um pouco de si e leva um pouquinho de nós. Essa é a mais bela responsabilidade da vida e a prova de que as pessoas não se encontram por acaso".

Absolutamente não nos encontramos por acaso!

Meu eterno agradecer por tudo que já somou e soma em minha vida.

Marília Baraúna, advogada, Karuna Reiki Master, 36 anos, natural de Salvador, Bahia.

Capítulo 3

O milagre da inspiração

Quando você se permite entender as coisas
Você e as pessoas

Inspiração é um vento no fim de tarde.
Uma bênção que vem do céu, uma força espiritual que toca sua vida no momento em que você está precisando.
Quando você dá espaço, a inspiração vem.
A inspiração às vezes chega suave quando você fecha os olhos ouvindo uma música, às vezes chega forte quando um parceiro grita algumas verdades para você em uma hora de briga, e você reconhece que o outro está certo.
Seja como for, acolha a inspiração, não abafe algo novo que pode trazer abertura para sua vida.

O milagre da inspiração pode vir de todos os lados

Uma palavra, um filme, uma conversa com um amigo, um passeio, um sonho, um sussurro espiritual, uma canalização pode nos inspirar.

Percebo que não precisamos ter total certeza das coisas, nem temos de ser 100% perfeitos para conectar a intuição, mas precisamos estar abertos a essa percepção diferente da vida.

Precisamos ser leves, soltos ao novo.

Nem sempre é fácil se abrir para um olhar com mais amor e menos julgamento.

Quando estamos presos a comparações, medindo nossa vida olhando para os outros, quase sempre iremos sofrer.

Quanto mais aceitamos nossa história, nossa identidade, mais abertos seremos à luz espiritual.

Ho'oponopono possibilita que flua amor de dentro de nós, e assim vamos ficando mais doces, pacientes e receptivos para perceber, ouvir, ler os sinais, como ensina a seguinte canalização:

❀ ❀ ❀

Você é um filho de Deus
Canalização Hilarion - Chama Verde 29/3/2019

Há um lugar no mundo especial para você.

Nunca duvide do amor de Deus, do amor que Deus tem por você.

Você é único. Você é especial. Você é um filho de Deus.

As pessoas, por conta do destino, dos desafios que enfrentam no mundo material, em algum momento da vida passam a achar que não são importantes.

Em algum momento da vida, passam a pensar que seus dons, seus talentos, são banais. Que muitas pessoas são como você, que muitas pessoas têm as mesmas habilidades, o mesmo olhar, o mesmo pensamento. E isso acaba destruindo o sentimento de amor que você tem por si mesmo.

É preciso se admirar, é preciso reconhecer sua luz, é preciso reconhecer seu talento, suas habilidades. E esse exercício da comparação, quando você olha para os outros e mede seu sucesso, seu fracasso, sua luz, aquilo que você sabe, aquilo que você não sabe, o tempo inteiro se comparando e tendo de provar a si mesmo e, às vezes, provar aos demais, que você é alguma coisa, torna-se muito cansativo.

Não façam isso!

Busquem sua supremacia, busquem sua maestria. E essa busca é interna.

E ainda que você concorra com outras pessoas, e ainda que você esteja em ambientes que exijam de você o olhar consciente, não permita que a competição deixe-o se sentir inferior e infeliz.

Aqueles que carecem de autoestima se tornam pessoas agressivas, brigonas, competitivas e materialistas. E essas pessoas sofrem muito.

Você não precisa ser assim.

Faça seu melhor. Encontre sua luz, seu espaço. E sua luz, seu brilho, seu talento, seu espaço é só seu.

É algo que você faz bem, é algo que você cria, é algo que você se torna feliz sendo você.

E aí você desenvolve a habilidade de estar com as pessoas.

É importante desenvolver a habilidade da convivência.

Você não precisa ser amigo íntimo, mas é importante aprender a conviver.

É importante admirar o talento das pessoas. É importante admirar os dons das pessoas. É importante saber admirar até a riqueza do outro.

Quando você admira sem inveja, sem competição, sem desdenhar dos talentos alheios, você está mais próximo de seu ponto pessoal de equilíbrio e luz.

Existem pessoas para todos os lugares.

Existem espaço de trabalho, criatividade, dinheiro, lazer, amor para todas as pessoas.

E aquilo que é seu por direito divino, por beleza de Deus, por bênção de Deus, por amor de Deus por você, é único e só a você se presta.

Tenha consciência de que você é amado.

Tenha consciência de que você é cuidado.

Tenha consciência de que você é amparado.

E que aquilo que é seu por direito e bênção divina virá para você.

Trabalhe por seu melhor.

Muitos ficam desanimados e deixam de investir em sua força, em sua luz, em sua consciência. E esses desperdiçam a vida, desperdiçam o talento, desperdiçam a oportunidade de viver aquilo que são.

Meus amados, cuidem de sua luz, cuidem de buscar, cuidem de encaminhar a si mesmos para o seu progresso.

Se hoje você está triste com a vida que tem, com os resultados que alcançou, com os caminhos que trilhou, e olha para você, onde você está, com tristeza, nesse momento eu o convido: "Levante os olhos. E olhe o grande caminho que você tem pela frente".

Essa é sua maior bênção!

Caminhar, continuar, evoluir, descobrir outras coisas, conhecer outras pessoas, aprender outras lições. Um mundo de experiências que não se esgota.

Pense em seu momento de hoje como a abertura para muitas possibilidades em seu amanhã.

Eu sou mestre Hilarion, trabalho com a cura, o poder da palavra e a construção da maestria pessoal.

Você veio para este mundo, encarnou neste mundo, para sua evolução, para viver um dia após o outro, para vencer as lições cármicas importantes, encontrando pessoas e delas abrindo mão, compreendendo que cada um tem seu caminho. São lições da Terra.

Você não veio aqui apenas para ganhar.

Você veio para colaborar, para compartilhar, para compreender, para estar com as pessoas e para vencer as limitações que o afastam de sua crença em sua luz.

Cada dia é uma escola. Cada dia é uma oportunidade de crescimento, expansão e luz.

Estamos trabalhando no astral do planeta, no despertar de muitas almas, no despertar de muitos amigos espirituais.

E nunca menospreze sua ação, sua indicação, sua palavra, seu compartilhar.

Porque nós estamos vindo aqui para alguns, mas em uma sala onde encontramos 40 pessoas, cada uma dessas pessoas trabalhando seu lado espiritual e expandindo nossa energia, vamos encontrar facilmente 400; e de 400, mais dez, cada pessoa melhorada mais feliz, mais dócil, mais consciente da sua luz, temos 4 mil, 4 milhões, e o planeta inteiro.

É assim que se faz a expansão da consciência.

Você muda em você. Você assume seu lugar de Filho de Deus. Você brilha em sua maestria, em sua felicidade, em sua vida íntima, no amor que você tem por si mesmo.

E isso contagia!

E é nessa vibração que nós estamos colocando foco, energia e amor.

Recebam nossas bênçãos e continuem o trabalho que vocês já começaram, do despertar.

Bênçãos e luz, meus amados. E sigam em paz.

❀ ❀ ❀

O milagre da inspiração para abrir os canais

Conheço muita gente que adoraria receber um direcionamento, uma cura, uma luz em relação às atitudes que precisa tomar na vida.

Relacionamentos sempre causam dor, desafios e desconforto. Mesmo na família, que é o maior palco de aprendizado, nem sempre as coisas são fáceis. Por isso a busca por mensagens e conforto espiritual, porém existe sempre o medo de acreditar, de aceitar as orientações.

Muitas vezes as pessoas acabam vivendo entre dois mundos, o material e o espiritual; de um lado, os compromissos do dia a dia, e do outro, o desejo de viver mais leve, de ser mais feliz. Tratam esses mundos como separados, e assim a vida delas se torna também separada em compartimentos, porque aquilo em que acreditamos se torna realidade.

Se você acreditar que as coisas espirituais, o milagre da inspiração para um jeito melhor de viver, somente acontecerá quando você estiver em um lugar espiritual, de um jeito espiritual, a vida trará esse retorno. Mas as soluções, inspirações não são necessárias somente nos momentos em que estamos recebendo reiki ou meditando. Ao contrário, na maioria das vezes a inspiração é muito necessária no dia a dia, na hora em que você tem de tomar uma atitude com seu companheiro, com alguém de sua família, ou mesmo uma decisão no trabalho ou nos negócios.

Nessas horas mergulhe no Ho'oponopono, peça limpeza, peça abertura, peça inspiração.

Divindade, limpa o medo de minha mente, limpa a ansiedade de minha alma e me permita intuir o caminho correto, a atitude correta.

Divindade, abre minha mente.

Divindade, abre minha intuição.

❁ ❁ ❁

Ho'oponopono de forma mântrica para acessar o milagre da inspiração

Mantra é a repetição de um nome sagrado, uma prática muito antiga do Oriente. Os monges e sacerdotes ensinavam os mantras em cerimônias fechadas, nas quais o mestre sussurrava, no ouvido do aspirante, um nome mágico. Esse nome passava a ser o mantra pessoal do aspirante. Até hoje alguns gurus ainda fazem isso.

Nós também podemos praticar o Ho'oponopono como um mantra. Para isso você vai precisar de uma guia, que pode ser um japamala (rosário indiano de 108 contas) ou um rosário cristão que tem 50 contas, neste caso você fará duas vezes.

O mantra é:
- Sinto muito
- Me perdoe
- Te amo
- Sou grato

Deve ser repetido 108 vezes.

Já me perguntaram: por que 108 vezes?

Tudo tem um símbolo, um significado oculto: o número 108 nos mostra que começamos no "1" da Unidade, seguimos no "8" do Infinito e terminamos somando "9", o número do fechamento de ciclo.

Não se preocupe tanto com a teoria. Se sua prática for consistente, você alcançará os resultados.

Segure seu rosário e peça aquilo que você precisa no momento.

Se não souber o que pedir, ou se tem várias coisas para pedir, simplesmente peça limpeza de seus pensamentos, curas.

O ciclo todo (repetição das palavras do Ho'oponopono 108 vezes) costuma demorar uns 20 minutos.

Eu costumo segurar na ponta de meu japamala, rezar, pedir proteção e ajuda. Se tenho algum problema que me incomoda, direciono minha energia para aquela questão... e entrego nas mãos de Deus.

Procuro, então, esquecer o assunto, e vou repetindo em cada conta:
- Sinto muito
- Me perdoe
- Te amo
- Sou grato

❀ ❀ ❀

O milagre da inspiração vem sem lutas

Não lute contra seus pensamentos. Deixe que eles vão embora da mesma forma que chegaram. Com dedicação, você conseguirá fazer isso.

Às vezes, durante a prática, perco a concentração, sinto sono... posso até cochilar por um breve momento. Mas, como estou segurando o japamala, volto exatamente para o ponto em que estava, e continuo o ciclo com toda a boa vontade. Afinal, estou me limpando de dores e investindo meu tempo e energia para mudar minha vida e meus relacionamentos. O esforço vale a pena!

O objetivo é encantar sua mente; é tirar você da zona do medo, do conflito, das baixas vibrações.

A repetição das palavras positivas do Ho'oponopono vai aos poucos liberando a energia presa pelo sofrimento e pelas memórias negativas. À medida que você se aprofunda, a serenidade vai limpando seu campo mental e abrindo espaço para o milagre da inspiração.

❃ ❃ ❃

Algumas pessoas já me perguntaram se é preciso fazer Ho'oponopono com japamala, e eu sempre respondo que a escolha é de cada um. Recomendo que você tente fazer assim de forma mântrica, porque sei que os resultados são relevantes, mas reafirmo que cada pessoa tem sua sintonia e seu jeito.

Respeite sua forma de interagir com a energia do Ho'oponopono.

Se você sente que para você faz mais sentido ir repetindo durante o dia, ou em momentos especiais, tudo bem. Siga sua intuição, siga seus sentimentos.

Muito boa sorte. Desejo o melhor para você.

❃ ❃ ❃

O milagre da inspiração o liberta!

O Ho'oponopono parte do princípio de reestabelecer a harmonia e ensina que, quando você vibrar na ordem divina em sua vida, entrará em um fluxo ascendente positivo.

Tudo começa pelo autoperdão, entre você e as pessoas, e segue pelo entendimento de que, se você estiver bem consigo mesmo, estará bem com os outros e com seu destino.

Nessa onda positiva, o Universo criará um ciclo virtuoso, trazendo cada vez mais coisas boas para você, e muita inspiração.

Com o Ho'oponopono você nunca mais se sentirá sozinho. E nos momentos escuros poderá tranquilamente repetir as frases sagradas e conversar com a divindade.

Divindade, limpa em mim a escuridão deste momento.
Divindade, alivia minha dor.
Divindade, limpa meu coração...
Divindade, inspira-me para o caminho correto.

Ser uma pessoa do bem, e estar em harmonia, trará, para sua vida, todos os bons frutos que você merece, como relacionamentos amorosos e uma vida próspera. Mas, para alcançar esses resultados, o Ho'oponopono precisa ser feito com o coração e sem pressa pelos resultados.

Os Kahunas, que eu chamo de xamãs do Ho'oponopono, ensinam que felicidade se aprende.

Eles acreditam que podemos nos inspirar em fatos felizes, em pessoas felizes, em músicas, em livros, na natureza, por isso busque ter um olhar inspirado.

❃ ❃ ❃

O milagre da inspiração deve ser um desejo

Você precisa querer manifestar esse milagre, precisa se abrir para se inspirar, para viver fora da caixa cheia de regras que aprendeu com sua família, em sua escola e até em sua cultura, porque você pode ser diferente.

Nossos amigos xamãs ensinam também que tudo acontece para nosso bem, e que podemos escolher ficar com o lado positivo de qualquer situação.

Quando algo acontecer com você, não olhe apenas o lado negativo, porque ali está também uma oportunidade, uma luz.

O milagre da inspiração

Nós temos de aprender a ler os sinais, por isso se permita mergulhar na meditação, na oração, nos mantras. E, quando não souber como agir, volte e releia o capítulo sobre o milagre da investigação, e atualize suas perguntas, porque, como ensinam os kahunas, o Universo sempre diz sim. Então, seja qual for sua afirmação, ou sua dúvida, a vida apresentará a resposta afirmativa.

❦ ❦ ❦

Em meu curso "Transformando Relacionamentos com Ho'oponopono", ensino que você é o ponto principal de sua vida. Mesmo quando as pessoas são complicadas, de alguma forma foi você quem criou ou aceitou esse laço.

No método que criei, o passo a passo é fundamental para melhorarmos nossa interação com a vida, melhorar nosso olhar.

Tudo começa em você com você mesmo, depois com as pessoas, parceiros, pai, mãe, família, filhos, passando pela doença, dinheiro e profissão, e até questões espirituais.

Quem se relaciona com a vida é você, por isso, no que diz respeito a estar infeliz em um relacionamento afetivo, temos de olhar para nós mesmos, para nossas escolhas.

Reflita um pouco sobre isso:
Segundo Passo: Você e as pessoas.
Ninguém é seu amigo ou seu inimigo.
Cada um é seu instrutor.
As pessoas nos ajudam a ver aquilo que carregamos dentro de nós.

Quando você entende que ninguém é seu amigo nem inimigo e que estamos aqui para aprender, fica claro que é hora de mudar o conceito de vítima das situações.

Caso você ainda se sinta vitimizado por relacionamentos complicados, reflita como começar uma mudança.

Um ponto fundamental é parar de reclamar, porque isso não ajuda em nada.

Torne-se uma pessoa mais leve, mais aberta, disponível.

Observe que, ainda que estejamos conscientes dos problemas, e que muitas vezes tenhamos o compromisso de resolver as coisas do caminho, é chato demais viver em função dos contratempos e das reclamações.

Vamos lembrar que nos alimentamos dessas ondas mentais e vibracionais. Cultive o silêncio e as atitudes positivas. Dessa forma, você mudará a reação que a vida está trazendo de volta para você e começará a atrair para sua vida pessoas e situações na sintonia do bem.

Criticar, reclamar e brigar, só se for por um objetivo muito claro, que gere a necessidade de uma atitude como essa. Caso contrário, mais silêncio, paz e oração.

A reclamação é uma forma de poluição, sabia?

Ninguém pode viver sua vida melhor do que você mesmo!

Seus pais, seus filhos, seu dinheiro, seu amor ou a falta deles são um problema seu. Só seu. Portanto, não reclame.

Se tiver luz, e sabedoria para mudar, mude. Se ainda não tiver, faça Ho'oponopono para você mesmo.

- Sinto muito
- Me perdoe
- Te amo
- Sou grato

❀ ❀ ❀

O milagre da inspiração ensina que você é maior que seus problemas

Você é maior que seus problemas, pode ter certeza disso. Não permita que as coisas negativas definam seu dia, sua noite, sua semana. Nem muito menos suas crenças sobre a vida.

Sua criança interior, que é uma parte importante de seu ser, pode crescer, ser amada e cuidada por você.

O Ho'oponopono ensina que somos formados por três Eus:
- Eu Básico, ou **Unihipili**, que é a mente subconsciente (são as memórias dessa e de outras vidas). Inconsciente.
- Eu Médio, ou **Uhane**, que é a mente e o ego consciente (é o desejo de controle das coisas da vida).

- Eu Superior, ou **Aumakua**, que é a mente superconsciente (a centelha divina).

Para nos curar, precisamos nos conectar com a centelha divina. Precisamos colocar nossa criança interior no colo de Deus.

Todo mundo tem problemas. Todo mundo cai, tropeçando em enganos e em aparentes injustiças. O que define sua capacidade de superação não é o número de vezes que você caiu, mas quanto tempo levou para se levantar.

Você é forte, e pode se levantar.

Olhe para si mesmo como uma pessoa forte, e não como uma criança carente.

Seu olhar muda tudo.

Estou aqui justamente para ajudá-lo a olhar os fatos com paciência, tolerância e até bom humor. Para que você arrume forças para se levantar rapidamente.

Na hora do sofrimento, pense no colo de Deus. Peça o colo de Deus.

Desapegue-se da dor usando o Ho'oponopono. Sim, amigo, a dor gera apego. Ficamos presos ao que aconteceu, ao que nos falaram, às reações das pessoas, aos mal-entendidos... tudo isso pesa em nossa alma e machuca nossa criança interna, que pode ser birrenta, e mal-educada.

Situações que não compreendemos, porque não temos expansão de nossa consciência, podem causar coisas muito chatas, como mau humor, carência, reclamações constantes...

Tudo isso nos afasta das pessoas e da felicidade nos relacionamentos.

Quando fazemos o Ho'oponopono com uma boa dedicação e frequência, vamos desatando esses nós. Vamos soltando essas memórias. Vamos mergulhando em nossa essência, que é livre de dores. Por isso, se você está sofrendo, seja pelo que for, desapegue-se.

Você é maior que isso. Você é Luz.

❀ ❀ ❀

O sofrimento pode ativar o milagre da inspiração

Praticando Ho'oponopono, percebi que algumas vezes repetia as frases sem mergulhar muito no sentimento, fazia de forma meio mecânica, e achei que isso não era correto, mas aceitei que de vez em quando é assim mesmo que acontece. Porém, percebi claramente que, quando estamos sofrendo, acontece uma forte conexão.

Acredito que o sofrimento quebra algumas barreiras intelectuais, ou mesmo o orgulho e a vaidade. Na hora da dor queremos colo. Então, amigo, se você está sofrendo, sinto muito por isso, mas saiba que esse é o momento perfeito para você mergulhar nas curas do Ho'oponopono.

O melhor momento para fazer o Ho'oponopono é justamente quando você precisa de ajuda, quando está triste, perdido ou sem esperança.

É nessa hora que você mais precisa de si mesmo. Essa é a hora em que mais faz sentido se envolver em uma cura profunda, pois, quando "quebramos" de alguma forma, deixamos as reservas de lado, e estamos abertos à luz. No entanto, se no meio da dor você evitar se mostrar, quiser resistir, mostrar autodomínio, ou sei lá mais o quê, as barreiras da resistência do ego podem ser elevadas... e a luz do Criador não poderá penetrar, fique atento.

Diga, mentalmente, para si mesmo:
- Sinto muito
- Me perdoe
- Te amo
- Sou grato

Comece a se perdoar por estar vivendo a dor que está em sua vida. Vamos lá!

Repita muitas vezes em seu dia as palavras inspiradoras do Ho'oponopono.

※ ※ ※

O milagre da inspiração pode vir das pessoas!

O grande aprendizado desta vida acontece entre você e as pessoas.

Muito de nossa história evolutiva tem a ver com relacionamentos, então vamos evoluir na sintonia do amor, fazendo as pazes conosco, e olhando para o outro de forma mais leve, mais solta. O outro não está aí para impedir sua felicidade, nem criar dificuldades para você encontrar seu sucesso, nem nada negativo. O outro apenas existe e está vivendo a verdade dele.

Tire a dor das relações.

Como ensinou um mentor: você não é o drama.

As coisas acontecem e você continua.

Quando estiver triste, Ho'oponopono para você mesmo e para suas curas.

Desejo que o milagre da inspiração venha para você por meio do Ho'oponopono, e que você sinta como e por onde seguir com mais luz!

Reflita sobre a mensagem dessa canalização que compartilho a seguir.

❀ ❀ ❀

Encarnações do amor de Deus
Canalização Mestra Pórtia - Chama Violeta 20/3/2019

Você é fruto do amor, seu corpo é fruto do amor, sua mente é fruto do amor, sua capacidade de pensar é fruto do amor.

Você nasceu do amor e veio com a missão de fazer esse amor crescer em atitudes, palavras, ideias, possibilidades, oportunidades. E é você quem escolhe se aprisionar a pensamentos e emoções negativas e pesadas.

Aquilo que é peso não veio de fora. Não há um mandante que provoque em você a dor, que é sua.

Os processos são internos. Então, a cura para todos os processos é você olhar para dentro.

Muitas pessoas reclamam da solidão, mas a solidão é um processo muito necessário.

É preciso gostar de ficar sozinho, é preciso aprender a amar sua própria companhia.

É preciso encontrar prazer em olhar para si mesmo.

É preciso encontrar alegria em preparar as pequenas coisas de seu dia a dia para você mesmo. E, quando você encontra essa tranquilidade de sua própria companhia, você está mais apto a não necessitar tanto de outras pessoas.

O outro é alguém que está em seu caminho; não é alguém que vem para resolver seus problemas tampouco aliviar suas carências.

A carência não está em você para ser resolvida por outro ser.

Você está em si mesmo para resolver suas questões de carência. Amando você mesmo, olhando para si mesmo, compreendendo a si mesmo.

As pessoas fazem parte do cenário de sua vida.

As pessoas compõem sua história, entrelaçam-se em você e dialogam com você. São seus espelhos, seus parceiros, seus amigos, confidentes, mas os assuntos mais profundos são seus. E devem ser tratados com amor.

Até a doença deve ser tratada com amor. Se você está doente, dialogue com seu corpo, fale com sua doença: "Olhe, eu estou aqui, eu reconheço você, eu agradeço aquilo que eu tive de aprender com sua presença. E hoje eu não preciso mais de você. Vá em paz. Obrigado".

Libere aquilo que te faz mal, com amor, com tranquilidade.

Porque essa doença é um desmembramento de seu ser, de seus pensamentos, de suas escolhas, de suas atitudes, de suas palavras. Quando você trata sua energia com amor, da qual a doença faz parte, todo seu ser recebe, transforma-se e reverbera em curas e libertações.

Você é você nesta vida. Mas você é você em muitas vidas.

Nesse momento planetário, as pessoas estão sendo chamadas ao seu despertar; e, por isso, muitas histórias cármicas, muitas emoções contidas, muitas questões familiares estão vindo à tona.

Muitos ancestrais estão sendo chamados à cura e chamados à libertação.

Aquilo que você faz em você reverbera em seus ancestrais e em seus descendentes.

A energia está sendo potencializada da mesma forma que vocês veem problemas no mundo.

E esses problemas existem em cada lar, em cada família, em cada núcleo. E esses problemas estão potencializando grandes transformações.

Problemas não são problemas, são oportunidades de olhar para cada uma das histórias; e observem quanto vocês são abençoados, porque estão conseguindo olhar, sentir e transformar.

Cada um é sua luz, cada um é seu parque de diversões.

Cada um é sua própria história se transformando, expandindo-se, adquirindo novas facetas, novas oportunidades de transformação.

A serviço da Chama Violeta, eu sou Mestra Pórtia.

Trabalho na função de consorte, de auxiliar na energia do amado Mestre Saint Germain.

Estamos, neste momento, fazendo um trabalho de cura na energia da Chama Violeta, em todos os presentes.

Onde nós nos fazemos necessários, ali estamos.

❀ ❀ ❀

Depoimento

Meiga e com uma doce voz, a MS entrou em minha vida em 2016, quando fui presenteada pelo Universo com o *link* para um de seus vídeos sobre o Ho'oponopono. Naquele momento estava em uma busca desenfreada por respostas sobre todas as provações que estava passando na vida, e a MS trouxe exatamente a paz e o discernimento sobre meus pensamentos negativos, e me colocou novamente em meu caminho sagrado.

Logo após o primeiro vídeo, inscrevi-me em seu *workshop* gratuito do Ho'oponopono; fiquei encantada e comecei uma linda jornada de limpeza interior.

Aos poucos fui perdoando, amando, sentindo muito e agradecendo, sempre guiada por essa energia sem julgamentos e tão acolhedora em meu coração!

Não muito tempo depois de nosso primeiro "encontro virtual", a abundância tão almejada, e necessitada, entrou em minha vida. Não aquela abundância material que me refiro, e sim finalmente me encontrei com força e luz. Enfrentei todos os medos que estavam dentro de mim, tirei as cascas que só consegui limpar com a ajuda da MS e seus *lives* e meditações. Desde então não me "separei" dela.

Quando tive a primeira oportunidade, eu me inscrevi no curso "Portais da Acessão", e foi quando minha vida deu um salto quântico, fantástico.

O curso é intenso, forte, e às vezes chocante, no qual ela me colocou de frente com meu ser escuro, quando pude olhar com compaixão e me curar ainda mais.

Ela entrou em minha vida praticamente como uma grande amiga virtual, porém o Universo guardava surpresas tão lindas. Quando ela sentiu um chamado para vir a Mt. Shasta (resido relativamente perto), aproveitei para entrar em contato, e ela prontamente respondeu ao meu pedido, e isso só comprovou para mim quanto é verdadeira e leal à sua missão de ajudar todos que a procuram.

Pude sentir seu abraço e carinho neste plano físico, agora caminhamos juntas na luz e na missão de expandir a consciência de mais e mais pessoas pelo mundo! Eu me juntei à sua legião do bem, com muito amor e respeito!

Eu me chamo Karla Lisboa, resido em uma pequena cidade chamada Pacifica, perto de San Francisco, na Califórnia, há mais de 20 anos. Tenho três filhos (dois biológicos e um de coração), sou Gerente de Produtos (eCommerce) no Walmart.com. Continuarei leal à sua amizade e sempre escutarei e absorverei em meu coração todos os ensinamentos que ela oferecer.

❀ ❀ ❀

Depoimento

Meu nome é Emanuelle Andrade, tenho 32 anos e moro em Uberlândia, Minas Gerais. Conheço o trabalho da MS desde meus 14 anos de idade.

Quando conheci a MS pessoalmente, em 2014, já com 27 anos, parecia que nós nos conhecíamos a vida toda. Lembro que na época eu ainda era advogada e decidi procurá-la em busca de ajuda e orientação sobre mudança de carreira. A sessão, que deveria durar uma hora e trinta minutos mais ou menos, acabou durando quatro horas. Foi naquele momento que nossa parceria foi oficializada, porque no plano sutil das coisas essa parceria sempre existiu.

Foi também a partir daquele encontro que a MS passou a ter cada vez mais uma presença digital crescente. E, como nada acontece por acaso, eu fiz minha transição de carreira, deixei de advogar pelos bens patrimoniais das pessoas e passei a advogar pelo bem da vida e me tornei psicoterapeuta. Ao mesmo tempo, a MS também fez a transição dela: do presencial para o mundo digital. Que desafio, hein?! E o que isso tem haver com o Ho'oponopono? A palavra que melhor define as situações que eu acabei de descrever é transformação!

E eu poderia definir a MS como uma grande transformadora, sabe por quê? Porque ela literalmente transforma a frequência das pessoas e consequentemente transforma a vida das pessoas. E foi exatamente isso que aconteceu comigo! Vários marcos de transformação advindos dos ensinamentos dela. O primeiro grande marco veio com o conhecimento da Fraternidade Branca, dos Mestres, e depois com o Ho'oponopono.

Quando ouvi falar de Ho'oponopono pela primeira vez, lá nos remotos anos 2002, confesso que não dei muita bola para isso. Eu achava simples demais; duvidei muito sobre a eficácia porque eu achava meio estranha a forma como era ensinado. Mas os anos se passaram e lá veio o Ho'oponopono de novo! E graças a Deus esse ensinamento veio por meio da MS e me encontrou muito mais pronta para compreender seu real valor.

O Ho'oponopono oferece uma maneira de liberar a energia dolorosa dos pensamentos que causam desequilíbrio ou doenças. E a princípio foi esse o convite da MS para mim:

Vamos experimentar o Ho'oponopono para liberar as memórias disfuncionais para abrir espaço ao novo?

Assim eu fiz durante semanas, meses e anos, por meio da música do irmão dela, das meditações, das edições dos vídeos e tantos encontros em Alpha Lux.

Foi um mergulho despretensioso e eu me coloquei completamente a serviço da Divindade.

As ideias e conceitos sobre o Ho'oponopono só são o que são hoje porque inúmeras pessoas já o colocaram à prova, e a MS foi uma delas.

Em minha experiência, a prática diária do Ho'oponopono foi a ponte que precisava para lidar com processos ainda mais profundos de autoconhecimento e transformação de questões familiares. O processo foi difícil?

Muito!!!

E o que mudou, você deve estar se perguntando, não é?

Mudou TUDO!

Mudou a forma de ver o mundo, mudou o sentimento no coração, mudou a qualidade dos pensamentos, muito a forma de lidar com as pessoas, com as situações da vida, porque eu aprendi que nós somos 100% responsáveis. E foi aí que o Ho'oponopono me despertou para a autorresponsabilidade, e me trouxe uma consciência mais clara de que as soluções das questões difíceis são feitas inteiramente dentro de mim.

Apesar da vulnerabilidade própria de qualquer ser humano, a MS me ensinou a aplicabilidade do Ho'oponopono na mesa de jantar da casa dela, em uma situação inesperada com uma de suas filhas. E ela é exatamente assim! Real, e não tem medo nenhum de se mostrar e de ensinar por meio dos próprios desafios dela. Ela verdadeiramente ensina com base no que ela prática no dia a dia, seja com a família, nos trabalhos em Alpha Lux, etc. Ela realmente é o que você vê nos vídeos!

Depois de alguns anos acompanhando a MS, eu posso dizer que para mim ela é uma Grande Mestra, uma excelente guia e uma inspiração diária. E eu acredito que o mundo está precisando de mais guias como ela, que nos mostrem um caminho simples, prático, gentil e real para acessar nosso mundo interior: o lugar onde todas as respostas se encontram!

A verdade é que a lição do Ho'oponopono é bem simples mesmo. E, se quiser melhorar sua qualidade de vida, crescer e evoluir, você precisa estar disposta a deixar alguns de seus velhos modos de ser e pensar e passar a adotar novas atitudes internas. No final, os resultados irão falar por si mesmos.

Ho'oponopono é experimental! E aqui fica meu convite!

Emanuelle Andrade, psicoterapeuta e treinadora em desenvolvimento pessoal e espiritualidade no Vida Iluminada®. Mestre em Reiki, consteladora sistêmica familiar, Magnified Healing, tai chi chuan, cromoterapia, meditação e outras práticas.

Capítulo 4

O milagre da entrega

Quando você se solta nas mãos do divino.
Você e o amor.

Entrega é um braço do mar que acolhe a terra com cuidado, que desenha na paisagem caminhos delicados que irão nos encantar e nos lembrar da presença do divino em nossas vidas.
Entregar para o homem é um ato de amor, quando ele chega ao seu limite e sabe que dali para a frente somente Deus para cuidar dele, e ele tem fé que realmente será cuidado.

O milagre da entrega acontece quando você realmente quiser entregar

A palavra "entrega", para muita gente, está associada a derrota ou humilhação. Tipo entreguei os pontos porque não tenho mais nada a fazer, e sou um fraco por conta disso.

Isso faz sentido para você?

Já conheceu alguém que pensa assim?

Talvez você pensou que tinha de ser forte, melhor que os outros para alcançar seus sonhos, e com certeza sofreu por conta disso.

Quero logo esclarecer que entrega não tem a ver com fraqueza, porque muitas vezes assumir que você não tem mais saída para alguma questão importante em sua vida pode ser bem difícil, e exige de você muito bom senso, força espiritual e discernimento.

Tenho certeza de que muita gente pensa que tem de lutar para sobreviver, para se destacar, para se dar bem com as pessoas, ou mesmo para encontrar um amor.

Devo confessar que eu mesma já pensei assim, e infelizmente essa crença me acompanhou por muito tempo.

Naturalmente, vibrando assim, a vida foi me mostrando que, se eu queria ser a guerreira, o destino me traria a guerra.

Foi uma descoberta bem dura.

Eu, que queria um amor, que queria ser feliz, amar e ser amada, estava atraindo a guerra, julgamentos, dificuldades, falta de acolhimento, falta de reconhecimento e falta do amor.

Quando esse entendimento chegou, foi inevitável me questionar: como poderia ter errado tanto?

Claro que na época dessa descoberta perdi o chão; não conhecia os fundamentos do Ho'oponopono, que ensina que somos 100% responsáveis por tudo em nossa vida. Achava que estava sendo uma lutadora cheia de honras e que a vida era difícil mesmo. Julgava que estava fazendo o melhor. Mas, ainda assim confusa, entendi que não queria mais brigar e que queria uma vida mais leve. Desejei do fundo da alma me entregar a experiências de luz.

Porém, como estava viciada no comportamento da guerreira, ao julgamento, e durante um tempo resisti bravamente, sinto que tinha alguns progressos e me tornava mais mansa, depois regredia, porque era muito orgulhosa para ceder e aceitar mostrar minha fragilidade e receber cuidados.

Assim, amigo, se você está lendo este livro, e gosta da ideia das curas do Ho'oponopono, mergulhe fundo, entregue-se com humildade, saia do julgamento e não tenha medo nem vergonha de reconhecer seus erros, porque esse é o caminho.

Veja a canalização a seguir, tenho certeza de que vai inspirar você.

❀ ❀ ❀

Todas as vezes que você julgar, estará errando
Canalização Mestra Rowena - Chama Rosa 28/8/2013

Nós sabemos que vocês já sabem o erro do julgamento. Mas, ainda assim, constantemente se perdem em pensamentos tristes, em olhar as pessoas e esperar delas aquilo que é incerto. Os relacionamentos humanos, eles são sempre relacionamentos cármicos, com muitos envolvimentos. Então, sempre haverá frustração, quando você olha alguém e espera desse alguém uma reação, uma atitude ou uma palavra. Se você não quiser se frustrar, deverá aprender a esperar menos das pessoas. Não porque elas não possam lhe dar amor, compaixão, entendimento ou acolhimento, mas porque elas podem não estar abertas. Elas podem não desejar fazer aquilo para você. Elas podem ainda, naquele momento, se sentir magoadas ou tristes e oferecer a você uma resposta ruim ao ato de amor. Então não julgue, deixe as pessoas seguirem seus próprios caminhos, ainda que vocês convivam... Ainda que estejam juntos na mesma casa, sob o mesmo teto, em uma mesma família.

Tornem seus relacionamentos íntimos mais leves. Tornem a troca menos necessária. Façam aquilo que vocês acham que devem fazer. E não cobrem tanto das outras pessoas. A cobrança é carregada de julgamentos. E os julgamentos são cobertos e coroados de erros, de arrependimentos, de mágoas, de aflições e de mais carma. Se vocês querem se libertar e caminhar... E fazer da vida de vocês um lugar mais fácil e mais feliz, não esperem tanto das pessoas, não julguem tanto. Olhem as atitudes dos outros com mais complacência e foque em vocês. As pessoas não lhes pertencem.

As atitudes delas nem sempre são o que são para ofender ou magoar você. Entenda, perceba que as pessoas são como elas são. E em muitos momentos, limitadas a apenas aquele tipo de atitude, aquele tipo de comportamento, aquela condição errada.

Se você quer ser mais feliz, esteja com você mesmo; torne-se seu melhor amigo, torne-se sua melhor amiga, torne-se seu companheiro de todas as horas. E, ao mesmo tempo, olhe as pessoas, ouça com elas. Leve menos a sério as atitudes que você vê pelo mundo. Brinque com a vida, aprenda a sorrir.

O peso do olhar de vocês carrega de sofrimento e dor aquilo que os outros fazem. E, mesmo quando não querem, estão julgando. Se há um coração mais leve batendo em seu peito, você olhará também com mais leveza. Vocês conhecem a lição dos espelhos. Então, ofereçam ao mundo um reflexo mais leve, mais suave...

Se você se sente bem, aquilo que o outro lhe faz não o magoará tanto. Se você se sente mal, uma atitude ruim reverberará muito pior em vocês. Não permita que isso aconteça. Você é um ser de Luz. Você é um ser de Amor. Alivie aquilo que você pensa de si mesmo. Alivie a autocobrança. Alivie o desejo do perfeccionismo. Alivie a importância que você dá ao que os outros pensam de você. Pense você aquilo que é adequado a si mesmo. Mergulhe em seu Deus interior e busque nele as respostas. Você é um ser de muita Luz. Essa Luz é a fonte de sua vida. Quando se conecta a esta fonte, você se tornará muito, muito mais feliz.

Deixe de esperar tanto das pessoas. Deixe de cobrar tanto de si mesmo. Faça seu caminho de forma mais leve e mais desapegada. E assim você poderá receber e nosso abraço... O abraço de seus mentores, todos os dias, porque sua energia estará mais leve e mais próxima de nós. Recebam nossas bênçãos e nosso amor. Sintam-se cuidados e amados, porque assim vocês são.

Trabalhando na energia da Grande Mãe, Eu Sou Mestra Rowena. E abençoo vocês, todos os dias. Meus tímidos Raios Rosa se mostram quando o dia amanhece e quando o dia se põe. Um entendimento profundo de que tudo está em transição e movimento constante. Então, evoluam na lição do julgamento. Tornem-se mais leves e pensem em si mesmos e nas pessoas, com mais complacência.

❀ ❀ ❀

O milagre da entrega mostra que nem todas as curas são racionais

Como somos seres pensantes, racionais, imaginamos que, quando entendemos as coisas, conseguimos resolver qualquer questão, e essa é uma ideia muito errada, porque nem tudo depende de nosso pensamento, de nossas escolhas nem de nosso bom senso.

Muitas vezes a solução de um problema nada tem a ver com pensamentos racionais, às vezes as situações se curam pela vibração, por um toque espiritual, por uma mudança de energia. Então para que isso aconteça precisamos dar espaço, dar abertura para a cura acontecer. Precisamos dar espaço para a expansão da energia do Ho'oponopono fluir.

Se você tem alguma questão complicada, difícil, algo que você não está conseguindo resolver, faça Ho'oponopono para a questão.

Comece pedindo assim:

Deus Pai, Mãe, Divino Criador, limpa em mim o medo de me entregar.
Divino Criador, nesse momento entrego essa questão para ser resolvida.
Divino Criador, limpa em mim a limitação.
Divino Criador, limpa em mim a dor, o medo...
Entrego esta questão...

Em seguida, entre na prática profunda do Ho'oponopono, e não precisa mais ficar pensando, buscando soluções, buscando respostas, apenas deixe fluir.

Toda vez que o assunto voltar à sua mente, toda vez que pensar de novo no assunto, faça Ho'oponopono.

- Sinto muito
- Me perdoe
- Te amo
- Sou grato

❁ ❁ ❁

O milagre da entrega é uma grande bênção que todos precisamos

Descobri com a filosofia kahuna, com a prática do Ho'oponopono, que meu olhar estava triste, minha visão de mundo estava pesada, e que por isso eu via tantas situações complicadas, tantas pessoas egoístas e agressivas.

Inspirada pelos ensinamentos, comecei a limpar em mim a dor, a raiva, a doença afetiva, emocional e mental das pessoas que cruzavam meu caminho.

Você já pensou que muitas coisas difíceis que enfrentou, mesmo perturbações espirituais, entraram em sintonia com você por conta de sua mente doentia que vê o mal?

Já parou para pensar que desejos, carências, ambição podem adoecer as pessoas?

Já parou para observar que a falta de autoestima também leva à competição, ao sentimento de fracasso, e pode destruir uma boa convivência entre irmãos, amigos e até entre marido e mulher?

Pois bem, amigo, saiba que a mente adoece quando pensamos demais, quando guardamos sofrimentos, quando não conseguimos responder a alguém, ou a alguma coisa, e guardamos raivas, ofensas, etc. Mas ative a esperança em você porque, da mesma forma que a doença se manifesta, ela pode ser curada com Ho'oponopono.

Claro que existem casos sérios de doenças mentais e vícios, que no mundo objetivo são tratados por médicos, remédios e tratamentos psiquiátricos, pois não são coisas simples de se resolver, porém o dr. Hew Len, que foi a pessoa que trouxe os ensinamentos do Ho'oponopono para o Ocidente, conta que trabalhou a energia de perigosos detentos de uma penitenciária, e transformou tudo, curando essas pessoas com a prática do Ho'oponopono a distância, o que é incrível.

Curou sem nunca ter trocado uma palavra com aquelas pessoas.

Diz ele que tratou o mal dentro dele. Tratou as memórias que vibravam no campo dele, e aquilo que o aproximou daqueles seres, o que é um milagre para nós. Mas essa história nos convida a tentar fazer o mesmo em nossa vida, não é mesmo?

Penso que, se usando o Ho'oponopono esse homem teve uma cura tão especial, o que custa a gente tentar fazer o mesmo?

O que custa tentar viver o milagre da entrega?

Lembro que anos atrás, quando li esta história, fiquei muito motivada em curar minha vida; afinal, se ele fez todas essas curas, pensei que eu também poderia curar coisas que estavam em desalinho, e sem pensar muito me entreguei ao Ho'oponopono. Hoje posso afirmar que essa cura é real e que muitas arestas de minha vida já foram aparadas. Recebi grandes bênçãos, o que me motiva a continuar na prática, com muito amor, e divulgar para as pessoas essa técnica milagrosa.

❀ ❀ ❀

Em meu caminho como terapeuta de vidas passadas, vivenciei com clientes coisas bem sérias e tristes, vícios de comportamento que, descobri, as pessoas trazem de outras existências. São registros de dores e mágoas que sem perceber as pessoas repetem como um padrão de comportamento.

Sem ter consciência, são vítimas de suas próprias criações.

Vale explicar também que nem tudo vamos entender, e curar com a mente consciente, porém a consciência superior acessada pela entrega ao Ho'oponopono pode curar tudo.

A mente divina é ilimitada, sua ação é ilimitada.

O milagre da entrega usa a mente divina para fazer suas curas

Os mestres ensinam que a forma de mudar tudo isso é entregar a situação para o divino, e olhar para si mesmo como um espectador. Pode ser difícil conceber agir assim, mas tirar o drama da situação, deixar de culpar as pessoas por seu fracasso, dor ou insucesso pode operar milagres em sua vida. Porque, apesar de muitas vezes dependermos das ações de outras pessoas, a vida é nossa e não devemos colocar nosso poder no outro.

O outro faz parte do cenário, o outro pode até ter se portado como o algoz de uma situação triste, pode ter sido o responsável por sua queda, mas quanto você vai deixar se abalar e permanecer no chão de uma desilusão é uma escolha sua.

A técnica que permitirá sua libertação de estados depressivos e tristes é a meditação e o Ho'oponopono para você mesmo.

Faça o teste, faça Ho'oponopono de forma mântrica, repita para si mesmo:
- Sinto muito
- Me perdoe
- Te amo
- Sou grato

Em meu curso *on-line*, "Transformando Relacionamentos com Ho'oponopono", ensino para meus alunos que, se a gente não se ama, não se respeita, a vida não abre, e as pessoas jamais irão nos amar e respeitar.

É assim que precisamos nos entregar ao milagre do Ho'oponopono
A entrega é nossa.
Fazemos Ho'oponopono para nos curar.
Terceiro Passo: Você e o amor, parceiros.
Se você não se ama, ninguém vai te amar de verdade.
Em meus grupos e cursos, sempre dou início fazendo uma meditação em conjunto, afinando a vibração, em seguida vou aparando as

arestas que as pessoas carregam consigo com a música do Ho'oponopono, e a mudança acontece quase instantaneamente.

Sempre explico que a vida é um oráculo, que aonde quer que a gente vá, seja com quem conversamos, olhamos, estamos trocando energias, e que as pessoas são um reflexo nosso.

Assim, amigo, se você tem encontrado gente bacana, solícita, gentil; que bom, porque isso significa que você já está assim mais bonito espiritualmente. Mas, se ainda o contrário acontece, mesmo com seus esforços e práticas, não desanime, continue limpando sua energia e os resultados virão.

Mesmo que você esteja sozinho em sua casa, que esteja triste, ou sofrendo por alguma situação, desmotivado, dê um passinho adiante, coloque a música do Ho'oponopono e entre na sintonia.

Acenda um incenso, diminua a luz, deite no sofá, ou no chão de sua sala, e apenas receba a energia da música. Tenho certeza de que você vai relaxar, acalmar seus pensamentos.

Será ótimo.

Faça o amor vibrar em sua cura, em seu momento de entrega.

❀ ❀ ❀

O milagre da entrega acontece quando você esvazia o coração

Quando resolvi ir ao Havaí, não sabia muito bem o que esperar. Sentia no coração que precisava trocar energia com a terra, sentir o perfume daquele mar inebriante, olhar de perto os vulcões ativos.

Seria para mim uma jornada espiritual à terra dos kahunas.

Em muitos momentos me emocionei, como escrevi neste texto de meu diário da viagem:

Ontem foi incrível andar sob as lavas do Kalameia Iki, mas hoje o dia começou com mais emoção. Pela primeira vez voei de helicóptero, fui convencida pelo marido Fabio, que me falou que seria imperdível, e foi.

Sobrevoamos o vale dos vulcões, vimos o caminho inesperado das lavas que destruíram casas, e plantações, e achei muito estranho pensar que as pessoas ainda queiram morar por ali, pois em minha cabeça uma casa é algo para sempre, ou deveria ser. Aqui no Havaí ante as forças despertas da natureza, somos questionados até em nossas certezas...

Imagine alguém construir e viver em uma casa que pode ser destruída por lavas de um vulcão, não parece estranho?

O mais chocante foi ver do alto a cratera Pu'u O'o vent fumando loucamente. Lá novamente senti o vazio dentro de mim.

Naqueles momentos foi como se respirasse fundo, e não tivesse nada mais o que pensar, sentir ou desejar. Vivi mais um pequeno momento zero, sem medo, sem desejos e sem nenhuma emoção.

Depois de algumas horas passou o êxtase do vazio, e aos poucos fui voltando à minha consciência normal. Lembrei das pessoas, de meu trabalho com limpeza do carma, das meditações que fiz imaginando minha alma mergulhando no centro da Terra para limpar energias.

Nossa, quantas conexões vividas no astral antes de estar fisicamente no Havaí; quantas visualizações, sonhos, memórias que me visitavam sem que eu soubesse que se tratava do Ho'oponopono.

Como sempre falo: nem todas as curas são racionais ou criadas por nossa mente consciente; somos movidos por nossas memórias, somos movidos pelo astral e por forças maiores do que nós, e para acessar essa vibração o que temos de fazer é nos entregar!

Assim, amigo leitor, pergunto a você: o que você carrega em seu coração?

Sua vida, sua energia está pesada com crenças limitantes, dores e mágoas?

Como você vê a interferência das pessoas em sua vida?

As pessoas são boas, amáveis?

Você tem boas parcerias? Tem um amor?

Se você não está feliz, faça sua limpeza, abra o coração, solte as amarras, ouse se entregar. Sem esse ato de amor, que é olhar para si mesmo e analisar seu mundo com muita coragem para admitir o que está bom e o que está ruim, você não vai viver o amor verdadeiro.

❦ ❦ ❦

O milagre da entrega na sintonia do amor

Até um tempo atrás, eu achava a palavra inimigo muito forte. Pensava em inimigo como alguém realmente do mal, quase uma caricatura; não pensava nas pessoas que saíam de nossa sintonia e, por algum desencontro, passavam a nos ver como egoístas, mal-humorados ou sem educação. Porque, quando terminamos um relacionamento, normalmente a mágoa toma conta das pessoas e as coisas boas são esquecidas e as negativas, potencializadas. Claro que não deveria ser assim. Deveríamos olhar com clareza para tudo o que vivemos de bom com a outra pessoa, e escolher guardar as boas lembranças, mas na prática não é isso que acontece.

Observe que a dor do desencanto e da traição de nossas expectativas torna, para a maioria das pessoas, as lembranças muito amargas. Isso é muito triste porque com certeza o plano inicial de nossa encarnação seria encontrar as pessoas e conquistar o equilíbrio nas relações, e alcançar o perdão das falhas. E é por isso que muita gente, quando se separa no casamento, quando rompe uma amizade, se entristece. Dentro do coração sabemos que falhamos. Porém, não devemos carregar essa culpa sozinhos. Todas as histórias têm no mínimo dois lados e envolvem sentimentos e emoções de várias pessoas.

Quando nos casamos, vamos viver apenas com nosso marido ou esposa, e também com toda a energia familiar, e suas histórias cármicas. Como nada acontece por acaso, devemos sempre lembrar que temos afinidades ou sofrimentos afins. Ninguém está em nosso caminho por acaso, mas por uma sintonia.

Em meu curso *on-line* "Transformando Relacionamentos com Ho'oponopono", ensino no terceiro passo que nos juntamos aos nossos parceiros para praticar o amor. Para ilustrar um pouco melhor o tema, vou contar uma história vivida em meu consultório. Usei um nome fantasia e fatos foram alterados para manter a privacidade.

❀ ❀ ❀

Juliana, uma moça de seus 30 anos, chegou até mim muito sofrida. Tinha rompido com o marido e sofria muito porque acreditava que poderia ter feito mais alguma coisa para ficarem juntos. O sofrimento incluía uma boa dose de culpa. Conversamos sobre a importância do autoperdão. Ela entendia que sua atitude era muito negativa porque estava adoecendo, e já tinha compreensão que, além de questões físicas, estava sofrendo de dores emocionais. Pensamentos viciados em sofrimento.

Já compreendia também que necessitava de ajuda para se libertar do padrão:

Quando eu amo, faço tudo pelas pessoas, tento ser perfeita para ser amada, espero receber o amor e aprovação dos demais, porque me sinto de alguma forma inferior e carente...

Muito triste essa constatação. Muito complicado colocar o foco de atenção no outro, nas respostas do mundo aos seus sonhos e expectativas. O bom de tudo isso é que essa moça já compreendia que precisava mudar, compreendia que nem tudo dependia de suas atitudes e que ela precisava ser mais amiga de si mesma.

Fiz com ela uma sessão de vidas passadas que mostrou a sintonia de várias vidas de abandono, o que ressaltava uma grande carência em relação ao amor e uma necessidade de aceitar as pessoas rapidamente, e trazê-las para sua intimidade para cobrir um buraco emocional.

❀ ❀ ❀

Carência não é amor!

Perguntei a ela: "Quanto tempo você viveu com seu marido?". Ela respondeu: "Ficamos juntos um ano e meio. Foi paixão à primeira vista. Adorei a família dele e logo fomos morar juntos. Depois fui descobrindo que eles faziam muitas festas, bebiam e falavam mal uns dos outros; eu não gostava disso, então começaram as brigas. Até que chegou ao ponto em que não queria mais participar desses eventos. Não entendia como as pessoas podiam se juntar para falar mal umas das outras, e depois ficar tudo bem...".

Amigo leitor, não podemos generalizar, mas o bom senso nos ensina a ir conhecendo as pessoas aos poucos. Quando pulamos etapas nos relacionamentos, corremos o risco de nos decepcionar, pois não sabemos como realmente as pessoas são.

Vale também outra colocação no que diz respeito à idade. Nesse caso, a moça que ilustra este texto era jovem, mas a maturidade não está totalmente vinculada à idade cronológica.

Tem a ver com nossa criança interior, aquela parte de nós que precisa de colo e que o Ho'oponopono pode curar quando você dirige a atenção para si mesmo dizendo:

- Sinto muito
- Me perdoe
- Te amo
- Sou grato

Quando não amadurecemos emocionalmente, carregamos os medos e ansiedades da juventude uma vida inteira. Não é incomum encontrar pessoas mais velhas e ainda muito iludidas em relação ao amor e aos relacionamentos em geral. Por isso é muito importante meditar, fazer Ho'oponopono, pedindo clareza, lucidez para enxergar os fatos da vida com a mente aberta.

Percebo que as pessoas que têm medo de sofrer e se escondem das histórias do destino ficam muito carentes e correm o risco de, depois de um tempo de dolorosa solidão, acabarem se entregando a encontros às escuras, sem respeitar as mínimas regras do bom senso nem ouvir o coração.

Quando uma energia fica presa, como é o caso da carência, e de repente se solta, os sentimentos vêm como uma avalanche rompendo com tudo em sua confusão.

Se conseguirmos olhar para a vida com mais tranquilidade, ir observando as pessoas, suas atitudes e seus caprichos, com certeza, vamos conseguir manter relacionamentos mais saudáveis.

Muito de nossa felicidade depende de nós.

Se aceitarmos o outro sem fantasiar, poderemos amá-lo como ele é. Mas, se colocarmos as nossas projeções nessa outra pessoa, com certeza um dia a máscara cairá, e poderemos inclusive culpá-lo de nos decepcionar. Por isso tenho certeza de que, se criarmos relações menos fantasiosas, seremos mais felizes e teremos melhores condições de nos mantermos amigos, mesmo daqueles que saírem de nosso convívio.

Muito da felicidade em nossa vida depende de nós e de observarmos nossa sintonia, por isso muito Ho'oponopono para você mesmo.

O milagre da entrega no Ho'oponopono acontece quando você resolve se amar muito, acolher-se muito!

Na seguinte canalização, encontrei uma das mais simples e profundas explicações sobre o amor entre duas pessoas.

Devo confessar que fui surpreendida recebendo mensagens de Maria Padilha, conhecida pombagira aqui no Brasil. Esse ser tão peculiar, com tantas histórias controversas, mostrou-se de uma sutileza e profundidade tão grandes que ganhou meu respeito e admiração. Percebi em suas palavras que somente alguém que viveu muito e encontrou luz espiritual poderia superar dores tão intensas. Por isso, sinto-me feliz em compartilhar essa mensagem para reflexão.

Não tenham pressa no amor
Canalização de Maria Padilha - Chama Violeta 7/11/2013

O Amor deve ser alimentado todos os dias, como uma construção; feito em etapas, construído com as lágrimas, com os sorrisos, com as aragens frescas e com os dias obscuros. O Amor é uma construção.

Quando as pessoas têm pressa em construir o Amor, naturalmente se enganarão, porque colocarão a paixão para dar o sustento a uma construção.

E a paixão é mais efêmera que os ventos, mais sedutora que um raio de Sol, e mais frágil que uma gota d'água que em pouquíssimo tempo se evaporará. E se estiver colocada em sua vida para dar o sustento, sua alegria e felicidade, você não terá nem ao menos uma casa para sentir vazia. Você não terá nada.

O Amor entre os irmãos é construído com limites, porque seus braços e suas mãos só devem ir até onde eles alcançarem.

Compreendam o porquê das coisas, compreendam o tamanho do amor.

Em seu coração ele pode ser imenso, como um grande sol, uma grande chama. Mas, no mundo, ele tem os limites que as relações se impõem.

O Amor entre homem e mulher; tão querido, tão esperado, tão desejado, tão temido, é o amor que deve conter todos os outros tipos de amor. Porque, se aquele que está com você não for seu amigo, sua amiga, seu parceiro... Então ele também não te amará. Não acredite naquele amor que apenas quer o lado bom.

O Amor entre um homem e uma mulher é um amor que realmente pode crescer, transformar-se, mudar, associar-se.

Permitir que dois se tornem um no amor e acolham outras pessoas, constituam uma família e ajudem os outros.

Apostem a energia no amor construído. Mas, antes de esperar de alguém, construam esse amor em si mesmos, reconhecendo como seres bons, como pessoas amáveis, como pessoas gentis, como pessoas fortes, como pessoas que têm uma verdadeira potencialidade de luz.

Muitas vezes eu me deixei levar pela paixão, acreditando que a paixão era amor, e sofri muitas desilusões; hoje vejo que não precisava ser assim. Que eu poderia ter dado tempo ao tempo, ao tempo ao amor. E, se talvez eu tivesse dado tempo, para que o amor fosse construído, não teria visto as paredes se desmoronarem, não teria me sentido tão sozinha quanto eu me senti.

Naquela época em que me sentia sozinha, o que fazia era chorar, e maldizer o destino. E, com essas atitudes, provocava para minha vida ainda mais sofrimento, dores, raivas e desilusões.

Apenas quando houve uma explosão espiritual em minha vida, e uma força de elevação, é que compreendi que poderia, que deveria entender o amor dos amigos, sentir o amor das crianças, compartilhar o amor com os familiares.

Nunca tinha cultivado minhas relações afetivas com irmãos ou amigos. Nunca tinha ouvido as pessoas, tampouco falado menos e sentido mais.

Foi um grande despertar da minha alma, porque, enquanto estive focada apenas no amor-paixão, minha alma não se purificou e não se transformou em amor...

O sofrimento foi intenso. Por isso, hoje, eu posso falar a vocês de um amor mais profundo.

Aprendi que o amor é verdadeiro e que ele pode ser construído, fortalecido, enquanto as paixões têm um lugar efêmero neste mundo, como um fogo que arde, como um impulso que chama, mas não se sustenta.

A única força de real sustentação é o amor.

A paixão pode servir para ensinar, fazer crescer, ajudar na descoberta do caminho da força espiritual, mas é o sentimento de tranquilidade a respeito do amor que faz a diferença na vida. Desejo que cada um de vocês permita que o amor floresça, e não tenham pressa no amor. Construam por meio dessa força interior, e a vida lhes trará de retorno muitas situações amorosas e boas.

A serviço da elevação espiritual. Eu Sou a Guardiã Maria Padilha. E estive aqui, com a autorização dos mestres, para atuar na cura do amor, para atuar na elevação do sentimento do amor.

❀ ❀ ❀

Depoimento

Em 2007 cheguei à Alpha Lux. Um lugar que me acolheu, envolveu-me em luz, consciência e curas.

Conduzindo aquele espaço de amor, lá estava a Maria Silvia, que me recebeu com um lindo sorriso, um olhar profundo e a pergunta: "Olá, já nos conhecemos, não é?".

"Como assim?", pensei eu. Era a primeira vez que eu ia à Alpha Lux!

Mas, realmente, foi simpatia à primeira vista!

Desde então, anos e anos de muitas meditações, vivências, estudos...

E, dentre tantos encontros, aqueles para o estudo e a prática do Ho'oponopono!

Sintonia e sincronia!

Durante a viagem da MS para o Havaí, sonhei com ela nos lugares em que esteve, com situações que eu não sabia que tinham acontecido.

De lá para cá, o Ho'oponopono é uma das principais coisas que me sustentam e ajudam em minha busca por ser um ser melhor.

Assim como tem sido para tantas e tantas pessoas que têm tido a ventura de acessar os cursos e informações que a MS disponibiliza nas plataformas sociais.

É impressionante quanto a Maria Silvia se empenha e trabalha e auxilia as pessoas.

A mim, por exemplo, uma das muitas coisas que ela fez foi incentivar a abrir um blog para publicação das poesias que escrevo.

A partir de então, ali passei a expor o que a inspiração me traz, ali compartilho versos e emoções.

Assim como agora, em que trago, neste espaço, uma poesia, inspirada pelo Ho'oponopono, escrita pouco tempo depois do início dos encontros para a prática do Ho'oponopono, na Alpha Lux. Desde então, ela tem sido uma oração para mim, tem me ajudado de uma forma incrível, em inúmeras situações!

Eu sinto muito!
Sinto muito por meus sofrimentos,
sinto muito por minhas dores e lamentos,
sinto muito que ainda me sinta em tormentos.
Eu peço perdão!

Perdão pelo que me causei,
perdão por tudo o que fiz e até nem sei,
perdão quando eu podia e não me ajudei.
Eu amo!
Abro meu coração e meus braços
e reconheço meu valor.
Amo com respeito e ternura,
buscando em mim a força mais pura para suportar todo e qualquer cansaço.
Eu agradeço!
Todo o meu ser agradece!
Agradece a vida que me foi ofertada,
agradece tudo o que me foi dado e até o que me foi tirado!
Dou graças por ser quem eu sou,
por viver como vivo e estar onde estou, agradeço de quem e de onde vim,
agradeço a chance de erguer esta prece!

Enfim, posso afirmar, com muita convicção, que o Ho'oponopono é uma poderosa ferramenta para que eu – e toda pessoa que o pratique – possa, assumindo a real responsabilidade por si e pelas situações por que passe, dar um passo adiante no rumo de sua evolução como espírito que é. Consciente de cada momento presente, vivendo a experiência desta encarnação.

Eu sou Maria Francisca Motta, poetisa, mãe, uma mulher que acredita na vida, que traz em si a certeza de que pode ser útil, da forma como Deus quiser.

❀ ❀ ❀

Depoimento

Meu nome é Cris Vemmezi, trabalho com numerologia e terapias vibracionais, sou da cidade de São Paulo e tenho 67 anos.

Conheço as obras de Maria Silvia Orlovas, a MS, como todos a chamam, há muitos anos, através de seus livros escritos e seus vídeos a respeito da Grande Fraternidade Branca.

Há quase três anos, resolvi conhecê-la pessoalmente fazendo uma Regressão a Vidas Passadas. Nesse momento conheci a verdadeira MS. Uma profissional que leva seu trabalho muito a sério, mas também a pessoa mais doce e amorosa que já havia conhecido.

Uma pessoa simples, repleta de amor e compreensão em seu coração para com todos. Seus ensinamentos e suas palavras trazem Luz para a nossa alma.

Seu trabalho com o Ho'oponopono, a oração do perdão, faz com que trabalhemos nossa autoestima e com isso nos ajuda a limpar mágoas e ressentimentos guardados em nosso inconsciente, oriundos do passado.

O Ho'oponopono realmente me transformou.

Eu era uma pessoa ansiosa e controladora, que queria que tudo se resolvesse rapidamente e da maneira como havia decidido.

Hoje me sinto uma pessoa muito mais calma e confiante na vida, com muito mais amor no coração.

O perdão para si mesmo, ensinado pelo Ho'oponopono, traz muitas curas para nossa vida. É verdadeiramente milagroso.

A partir daí, fiz vários cursos ministrado pela MS, incluindo o de Ho'oponopono. E, além de um ser iluminado, também posso dizer que é uma excelente professora, que com muito amor e dedicação consegue passar aos seus alunos tudo aquilo a que se propõe.

Minha profunda gratidão pelo ensinamento dessa maravilhosa ferramenta que é o Ho'oponopono, que nos conecta com nosso coração e com o Amor Maior. E também por ter tido a oportunidade de conhecê-la e por poder participar de seus trabalhos.

Maria Silvia se tornou minha Mestra Espiritual. Seus ensinamentos e suas palavras trazem Luz para a nossa alma. Maria Silvia é uma pessoa iluminada que ilumina o caminho daqueles que querem evoluir.

❄ ❄ ❄

Depoimento

Conheço a MS já há alguns anos, desde seu Blog e todas as suas mídias, além de ter lido muitos de seus livros. Sabendo da seriedade e verdade de seu trabalho lindo, fui para seu curso *on-line*.

Falar da MS nos remete à Fraternidade Branca, lindos seres de muita luz, e junto deles, em perfeita sintonia, está o Ho'oponopono, uma maravilhosa energia de autoconhecimento que nos conduz às nossas curas, relacionadas às crenças equivocadas que trazemos dentro de nós. A partir desse reconhecimento, aprendemos o autoacolhimento, considerando "nossa humanidade".

Todo esse aprendizado mudou minha vida e fez de mim uma pessoa mais leve e mais segura. Entreguei para o Ho'oponopono as dores do passado.

Gratidão, querida mestra Maria Silvia Orlovas, por me conduzir por esse caminho, com toda a sua sabedoria, amor e dedicação.

Eu sou Maria Angélica Meira Venuto, cirurgiã-dentista, mineira de Diamantina, aluna de Maria Silvia Orlovas, em todos os seus cursos *on-line*, e fã de todo o seu trabalho.

Capítulo 5

O milagre da criação

Quando você entende melhor sua família
Relações pai, mãe, família

A criação é o sopro de Deus, uma luz pura que vem do centro do Universo, e criou o mundo, deu forma ao homem, à natureza, e espalhou vida.
Nós experimentamos o milagre da criação quando nascemos.
Nós experimentamos o milagre da criação todos os dias quando abrimos os olhos, e escolhemos como viver e assim nos tornamos deuses criadores.
Somos cocriadores de nosso destino.

Como ensinam os mestres, será em nossa família que vamos ter os maiores aprendizados da vida.

Será na família que vamos viver o amor e o desamor.

Será na família que muitos irão resgatar pesados carmas de outras vidas, e viver histórias aparentemente erradas e sem explicação, simplesmente porque somos impulsionados pelas memórias de vidas passadas que estão no inconsciente. Então nem tudo é luz, nem tudo vibra no amor.

Sempre imaginei uma família perfeita, sem dores, sem coisas erradas, e me deparar com os erros, com atitudes egoístas de meus pais, me trouxe perplexidade.

Ainda criança, lembro que olhava sem entender algumas coisas que meus pais faziam, e sentia dor, mágoa, rejeição. Foi duro descobrir que eles não eram deuses perfeitos, mas também não eram monstros, eram apenas seres humanos normais vivendo seus desafios, porém eu, pequena, idealizava, e esperava mais deles.

Não sabia que no mundo material, onde vivemos, a luz e a sombra desde sempre se misturam na criação, como nos inspira a canalização a seguir.

Se você, como eu, queria apenas flores e luz, teremos de soltar essa ideia e viver o milagre da criação sem idealização.

Aliás, sem idealização a vida inteira fica muito mais fácil!

❀ ❀ ❀

Mensagem de Órion
Canalização, 23/1/2015

No dia em que a mãe estrela desceu à terra, o céu e a terra não existiam como entidades separadas.

A terra dormia o sono dos inocentes, daqueles que não têm a consciência, e essa mãe estrela precisava acordar a terra de todas as formas, porque era hora de nascer o homem; então, ela fez um movimento muito brusco.

E esse movimento brusco machucou a mãe terra. Desesperada, a mãe estrela colocou tanta luz, tanto brilho nesse ferimento que a luz veio para fora, e um grande vulcão despertou a terra, e de onde jorrava essa lava – do despertar – os pastos foram recebendo a energia para que eles nascessem. Antes de cada criação existe muitas vezes uma força bruta.

A lava incandescente, energia do fogo, trouxe das entranhas da terra o potencial do verde, a riqueza do solo que iria alimentar as pessoas que ali circulariam séculos, milênios depois. E essas lavas caíram no mar gelado, que se transformou em águas e muitas ondas para fertilizar a terra. Era uma lava tão incandescente, tão rica de energia do fogo e da energia da mãe estrela, uma energia espiritual, que o mar ficou cheio de impurezas que se transformaram em peixes, animais aquáticos que evoluíram para chegar à terra, e da terra alcançar o ar.

A origem da vida veio das estrelas, e a terra dava mais um passo para receber a humanidade que milhares de anos depois, séculos e séculos, e séculos depois viria habitar o planeta. O homem faz parte desse sistema, da continuidade da vida. Está tudo interligado, e a natureza serve ao homem. Mas o homem esqueceu que ele deve servir à mãe terra, à mãe natureza e à mãe estrela, que é a mãe consciência.

Nós estamos trabalhando no astral do planeta, pelo despertar de nossos filhos estelares que são vocês.

Despertem, meus filhos. Não se achem filhos de seu pai e da sua mãe carnal. Tenham amor, reverência, profunda gratidão por esses seres que acolheram vocês para lhes dar o corpo físico. Mas lembrem-se de sua origem estelar. A única forma de se lembrar de sua origem estelar é ter a consciência da continuidade, da interligação entre as pessoas.

A consciência da interligação entre vocês e o planeta, entre a terra e as estrelas. Quando você compreende que é um ser espiritual, experimentando a vida na matéria, todas as situações pequenas perdem o peso, e devem perder.

Vocês podem chorar, sofrer, confundir-se com as questões da terra, porque estão envolvidos demais nas malhas da ilusão, mas nunca se esqueçam de que vocês são filhos das estrelas.

Cuidem daqueles que estão perto de vocês, cuidem daqueles com quem vocês têm laços afetivos e laços da carne, mas jamais esqueçam os verdadeiros laços espirituais.

Nós estamos fazendo esse movimento de despertar, tocando vocês com nossa luz da estrela para que o despertar do coração de cada um de vocês seja intenso, cheio do fogo do amor, da vida e do espiritual.

A energia dos kahunas é a energia das estrelas. Trabalhamos a serviço da ascensão. E a ascensão se faz através do amor.

Desejamos que cada um de vocês seja abençoado por essa energia expansiva do amor kahuna.

Aloha.

❀ ❀ ❀

Nós seres humanos participamos do milagre da criação!

Quando comecei a escrever e sintonizar este capítulo sobre a energia dos pais e da criação, aconteceram duas coisas interessantes: a primeira foi me deparar com essa canalização que aconteceu em minha viagem ao Havaí.

Foi muito especial porque os mentores falaram da criação da vida ilustrando como uma historinha doce, como deve ser, ao mesmo tempo em que fala de dor, de força bruta e de ajustes, o que soa perfeito quando se trata do núcleo familiar.

Nossa vida em família é assim, uma mistura de amor, força bruta, coisas de que a gente não gosta e ajustes.

A grande questão contraevolutiva, porque o objetivo final de todos nós é fazer ajustes, evoluir, libertar, é que paramos na reclamação, paramos no momento em que entendemos que nossos pais, ou nossos irmãos, eram errados, ou fizeram coisas erradas.

A energia estanque no medo não evolui, não solta, e com isso nós não evoluímos nem nos soltamos.

Ho'oponopono suaviza as dores, solta a dor, alivia o peso.

Se você se identificou com esse padrão, repita agora:

Divindade, limpa em mim as dores de minha criação.

Divindade, limpa em mim as memórias de dor que permitiram que eu vivesse mais e mais sofrimento.

Divindade, limpa em mim o peso do passado.

Acessar o milagre da criação no Ho'oponopono é recriar seu olhar sobre a dor, sobre os conflitos familiares, sobre a falta de amor.

Ho'oponopono para limpar a dor da criação:
- Sinto muito
- Me perdoe
- Te amo
- Sou grato

❀ ❀ ❀

O milagre da criação precisa de espaço em você para criar algo novo!

O segundo ponto que se manifestou quando fiz um atendimento e minha cliente, uma mulher bem-apessoada, de seus quase 50 anos, chegou até mim reclamando da criação que recebeu dos pais, e imediatamente me conectei com o aprendizado que a família nos traz.

Precisamos nos libertar do terrível papel da vítima.

Precisamos aceitar a vida como ela foi, aceitar o passado e soltar.

Se queremos evoluir, precisamos limpar essas dores para sempre.

Percebo que pensar na família para muita gente traz memórias de dor, conflito e sofrimento.

Conheci pessoas que queriam simplesmente fugir da família, como se fazendo isso resolvessem para sempre os problemas. Talvez você pense assim, talvez você ache que se estiver longe de alguém aquele conflito esteja resolvido, porém o Ho'oponopono ensina que somos todos um, portanto carregamos a família conosco.

Emoções e conflitos que experimentamos quando éramos crianças continuam vibrando dentro de nós até o dia em que conseguirmos limpar essa dor.

Na tentativa de aliviar o peso, sempre brinco com meus clientes e alunos fazendo uma pergunta:

O que vem primeiro, o ovo ou a galinha?

É uma brincadeira bobinha para explicar algo muito profundo.

Aprendi com os mentores que energia atrai energia, então não existe acaso no nascimento. Estamos conectados aos nossos pais muito antes de nascermos, e é bem provável que caminhamos juntos com essa egrégora familiar há muito tempo. Vamos trocando de papéis com essas pessoas há muitas vidas, então a dor deve ser resolvida agora, como ensina a seguinte canalização.

❀ ❀ ❀

SÓ PODE RECEBER AS BÊNÇÃOS AQUELE QUE NÃO TEM EXIGÊNCIAS
Canalização Mestra Pórtia, 22/3/2018

Meus amados, em um trabalho de evolução e crescimento espiritual, é preciso trabalhar profundamente o desapego.

Quanto mais desejos vocês têm, por mais corretos que estejam os princípios de seu desejo, mais apego eles representam e constituem.

É preciso também deles se soltar.

É preciso aprender que o Divino Barqueiro, aquele que conduz sua vida, terá a sabedoria para oferecer a você o melhor dentro de seu processo de evolução e crescimento espiritual.

Muitas vezes, as coisas se tornam mais difíceis pela interferência de seus pequenos pensamentos, de suas pequenas ideias.

E as pessoas que são movidas a pequenos pensamentos e pequenas ideias muitas vezes alcançam a realização de seus intentos, de seus desejos, de seus sonhos e até de seus medos.

Porque, quanto mais você pensa, deseja, ambiciona, quer concretizar determinado assunto, as forças divinas, as forças do mundo, as forças espirituais irão se movimentar para trazer-lhe a resposta de seus sonhos, de seus desejos, de suas ideias.

No erro ou no acerto, você manifesta seu destino.

No erro ou no acerto, você é o criador de seu mundo.

Então, para aqueles que estão despertos, criem sua luz.

Vivam sem grandes resistências ao caminho do Bem.

O Criador cuida de cada um como um pai cuida de um filho.

Todos estão cuidados.

Ninguém está à mercê do destino, como uma canoa perdida.

Espiritualmente isso não existe. Só são canoas perdidas aqueles que querem se perder.

Assim, no mundo da forma, nós respeitamos o livre-arbítrio, que é a livre manifestação de sua vontade.

Assim, amados, é hora de manifestar o Bem.

É hora de pedir a direção divina.

"Deus, Pai, Divino Criador, traz para mim tua graça, traz para mim tua abundância.

Deus, Pai, Divino Criador, traz para mim tua luz; que tua luz se manifeste em minha vida.

Deus, Pai, Divino Criador, que eu tenha pensamentos iluminados, atitudes iluminadas, sentimentos iluminados."

Quando você faz isso, você entra na sintonia correta para receber a ajuda necessária, o direcionamento necessário.

Você sai da avalanche cármica do querer.

Hoje, os homens, a humanidade encarnada, não usam mais armas para as brigas.

Hoje as pessoas brigam no pensamento, nas ideias, nos desejos, nas vontades.

E tudo isso é tão forte quanto armas que ferem o corpo físico.

As pessoas estão feridas nos sentimentos, nas emoções, nos sonhos, nas ambições.

E não é mais tempo disso. Solte esses sentimentos e peça o bem, peça seu bem.

Saiba que todas as pessoas que estão em sua vida, aí estão porque você criou conexão.

Mesmo aquelas que são difíceis no relacionamento, mesmo aquelas que são difíceis na convivência.

Todos os que estão em sua vida, não estão ao acaso.

Cada uma das pessoas de seu mundo merece seu olhar, merece sua compreensão, merece seu acolhimento e seu perdão.

Essa é a única forma de você se libertar de verdade de alguém.

Se existe em sua convivência alguém que incomode você, observe que seus pensamentos, suas ideias, suas reflexões acabam se tornando elos muito fortes de conexão com este ser.

E através desses elos, você se aprisiona.

E através desses elos, você pede a manifestação dessa pessoa, desse relacionamento junto de você. Aquilo de que você foge vem ao seu encontro.

Então, se você quer uma manifestação de amor, de luz, de paz, de abundância, olhe para seus pensamentos, observe seus desejos e limpe sua energia.

Permita que as curas venham. Permita que sua energia se transforme. E, assim sendo, cumpra sua missão com as pessoas.

Se cabe a você acolher alguém em seu coração ou em sua casa, acolha!

Se cabe a você olhar para algum fato de sua vida, olhe!

Se cabe a você perceber alguma atitude sua, perceba!

Só você é o juiz de seu destino.

E, estando profundamente compreendendo seu momento, sua situação, aí sim você é livre para pedir do Divino sua manifestação e sua cura.

O caminho da liberdade é o caminho da consciência.

Permita que essa consciência venha para você.

Permita que Deus aja em você, resistindo menos ao seu próprio sofrimento, compreendendo que, quanto mais você solta, mais a situação se desfaz, liberta-se e se transforma.

Esse é o caminho de sua luz!

Estamos trabalhando hoje ativando aqui a energia da Chama Violeta, transmutando os aprendizados cármicos em pura luz.

Então, todos os pensamentos que vieram para vocês durante esta canalização, neste momento se entregam à energia da Chama Violeta.

Estamos formando um grande espiral, sugando para os planos superiores essa densidade que está em vocês, para que seja transformada em pura luz.

Entreguem os desejos, os medos e as ambições e ofereceremos a vocês um vazio mental, um vazio de pensamentos, de sentimentos, de ideias, que dará lugar ao novo.

Eu sou Mestra Pórtia e, neste momento, faço minha missão junto ao nobre mestre da Chama Violeta, Saint Germain: a emissão de curas e libertações.

Recebam nossa luz e sigam leves, em harmonia, em silêncio e em paz!

Estaremos cuidando de cada um!

❀ ❀ ❀

Meu convite para você é: Vamos sair do papel de vítima agora!

Foi estudando as mensagens dos mestres ascensionados há anos, e atendendo pessoas em consultório com tantas histórias familiares que já ouvi, e ajudei em terapia, que criei o quarto passo em meu curso *on-line* "Transformando Relacionamentos com Ho'oponopono".

Percebo que precisamos olhar para nossos pais e para nossa família com menos peso, com menos julgamento, compreendendo que cada um dá o que tem. E que, se por acaso julgamos que recebemos pouco, ou coisas erradas, devemos trabalhar a energia de cura no presente e fazer nossa parte para mudar.

Ho'oponopono para esse acerto.

Quarto Passo: Relações familiares – Pai, Mãe, Família.

Respeitar as pessoas é um ato de amor e de cura em família.

❀ ❀ ❀

Visitar o milagre da criação é recriar nossas convicções

Desde que nascemos, aprendemos que nem tudo o que desejamos acontece. Porém, muitos de nós, apesar de crescidos, formados em faculdades e cursos, tendo morado fora do país e até mesmo vivenciado casamentos e separações, continuamos agindo como crianças mimadas, reclamando dos pais, buscando culpados para as frustrações.

Algumas pessoas presas na condição de filhos se mantêm a vida inteira como vítimas de um destino infeliz, e não podem receber um não como resposta. Mas infelizmente a vida é cheia de nãos.

Concordo que a frustração não é nada fácil.

Passamos por isso quando queremos namorar alguém e esse alguém não nos deseja, quando queremos passar em um concurso e não alcançamos a nota necessária, quando queremos que nosso filho se comporte de uma maneira que achamos adequada e ele não nos ouve, quando queremos um emprego novo e ele não aparece, ou mesmo nas coisas simples que dão errado quando, por exemplo, perdemos o horário do cinema ou levamos uma fechada no trânsito.

As situações podem ser banais ou estar carregadas de significado, mas a energia da contrariedade e da raiva, quando nossos intentos não dão certo, nasceu da mesma fonte que é o ego.

Amigo leitor, não pense que sou contra o ego, ou que vou dizer que devemos nos inspirar em um ser de luz como Madre Tereza, e imaginar que não devemos nos abalar com as contrariedades da vida, porque essa seria a situação ideal, uma sublimação de nossa personalidade, e uma visão profunda de alguém que verdadeiramente é espiritualizado. Mas não somos assim. Pelo menos, por enquanto, somos pessoas comuns que em alguns momentos encontram maior equilíbrio, e que em outras horas sofrem e perdem a razão em momentos de briga.

Ficar com raiva, de vez em quando, é natural. Sentir um sufoco no coração e falar um monte de inconveniências e depois se arrepender, também. O que não é normal é continuar nessa vibração e acolher a raiva como consolo diário, e a vingança como alívio, porque essas energias geram muita dor, causam doenças e não permitem nossa evolução. Isso sem falar nos espíritos que se ligam a esse estado de infelicidade para nos cobrar erros do passado, e do presente.

Muitas situações podem ser encaradas como testes na evolução e, dependendo de nossas escolhas, podem simplesmente serenar e tranquilizar.

Tudo depende de nós e de nossa liberdade em recriar o caminho.

�֍ ✦ ✦

O milagre da criação nos coloca como cocriadores do destino

Ângela chegou até mim para uma sessão de terapia, anos atrás, com a indicação de um profissional de saúde. Moça jovem e bonita, no auge de seus 26 anos, resolveu morar sozinha, e estava sofrendo para bancar sua decisão.

Longe dos pais há mais de um ano, não estava conseguindo fechar suas contas no final do mês, porém não queria voltar a viver com a família porque considerava essa atitude o mesmo que assumir uma derrota.

Vidas passadas mostraram uma existência em que ela foi um jovem nascido na roça que saiu de casa em busca de fortuna e liberdade, sendo que depois de muito sofrimento terminou por retornar ao convívio familiar, mas nunca mais viu os pais, que já tinham morrido.

Depois da sessão de Vidas Passadas, ela me contou que o sentimento se repetia, e que não suportava a ideia de voltar a morar com os pais.

Ela se sentia frustrada por vários motivos, porque não se casou, porque a profissão não oferecia nenhum destaque, enfim, porque não se sentia valorizada em nada. Constantemente vinha à sua mente a forma rígida com que o pai a tratava. E tudo isso despertava muita raiva e mágoas.

Expliquei que as frustrações são desafios constantes na vida de uma pessoa adulta, porque normalmente, quando somos jovens, acreditamos que tudo pode ser diferente em nossa história. Somente o passar dos anos irá mostrar como a vida se desenhou, pois muitos fatores alheios à nossa vontade estão espalhados no caminho com importantes ensinamentos e, se não desenvolvermos uma visão mais expandida sobre nossa existência, poderemos nos descobrir no meio de uma depressão, ou em um estado lastimável de contrariedade constante.

O Ho'oponopono ensina que, se um sentimento se repete em sua mente com uma certa constância, não importa descobrir racionalmente de onde ele vem. O importante é limpar, liberar e dissolver essa memória negativa.

Para essa dor, repita as frases simples do Ho'oponopono:
- Sinto muito
- Me perdoe
- Te amo
- Sou grato

Ângela sofria apegada à dor e às explicações do passado, tipo culpando o pai e a família pela criação infeliz, como se a única herança familiar fosse negativa, esquecendo-se de todas as coisas boas que já viveu.

Ela não estava pronta para entender que faltava cultivar a gratidão, que deveria fazer Ho'oponopono com o foco no autoperdão e se libertar da cobrança pelo sucesso.

Como se sentia fracassada, transferia a dor para o pai, e repetia para si mesma as lembranças negativas que tinha dele.

Acolher memórias negativas como explicações do fracasso faz muito mal.

❀ ❀ ❀

O milagre da criação pede: observe o que você está criando para viver

Algumas pessoas se prendem à ideia do sucesso e deixam de lado a importância de tratar o berço do sucesso, que é a paz, o perdão e a harmonia com os pais.

Sem o reconhecimento do valor de seu pai e de sua mãe como fonte geradora de sua vida, o destino dificilmente se abrirá.

Você é fruto da energia de seu pai e de sua mãe, e, mesmo que você tenha tido experiências ruins com eles, é preciso soltar a dor e acolher o bom que você recebeu em sua criação. E, se nada bom vier ao seu consciente, agradeça pela vida neste corpo.

Ressignifique suas origens.

O milagre da criação diz: como deuses criadores, podemos escolher como viver

Quando você convive apenas com a raiva, olha para o seu passado e vê somente coisas tristes, está alimentando coisas tristes e negativas para o seu presente e criando futuro nessa vibração.

Por mais difíceis que tenham sido as relações familiares, sempre tiramos referências da família e espiritualmente aprendemos que não estamos juntos por acaso, e sim por um comprometimento espiritual.

Sei que voltar atrás em uma decisão, voltar a morar com os pais, por exemplo, exige uma boa dose de humildade, mas devemos lembrar que humildade não significa se humilhar, tornar-se inferior, nem mesmo deveria ser um sacrifício. Voltar atrás pode inclusive ser um ato de sabedoria e amor-próprio.

Por que ficar cheio de dívidas, se a vida pode ser bem mais fácil tendo apoio dos pais ou de alguém de sua família?

Observe que tudo muda com a maneira que encaramos os problemas.

Todos os dias a vida nos traz experiências e escolhas que podem ser lições transformadoras, ou se tornarem focos de dor e tristeza.

Você pode escolher não sofrer, mudando a forma de encarar os fatos.

Segue mais uma canalização na energia dos ensinamentos que recebi no Havaí. Fica o convite para você refletir.

❈ ❈ ❈

Mensagem de Órion
Canalização, 31/1/2015

Para cada pessoa há uma ideia de perfeição.

O Universo criou você perfeito – a Mente Divina criou você perfeito – para passar por todas as experiências necessárias em seu caminho de Luz e de evolução. Você nasceu na família que tinha os atributos necessários para fazê-lo crescer. Você teve os irmãos que deveria ter – pessoas as quais você deve olhar de igual para igual.

No âmbito da família se aprende a respeitar, a reconhecer e a ouvir.

Bem-afortunados aqueles que têm irmãos, porque nessa convivência aprendemos a reconhecer nossas falhas, a reconhecer as nossas diferenças e a crescer. Bem-afortunados aqueles que – quando crescem – encontram sua família espiritual e encontram nessas pessoas seus irmãos e irmãs. Bem-afortunados, porque poderão ver, nesses irmãos e irmãs, pessoas boas, amadas, queridas... Mas também enxergarão as falhas – as atitudes erradas, as atitudes que você condena, assim como também poderá ser condenado por seus irmãos.

A convivência no Mundo Objetivo, entre as pessoas, é que faz você evoluir. Pela convivência, você descobre suas próprias falhas. Pela convivência, você aprende a tolerância, a paciência, a gratidão, o sorriso, o não julgamento. E esse movimento de aprendizado familiar vai se expandindo para o seu ambiente de trabalho para as pessoas que você conhece – para aqueles com quem você escolheu conviver.

A convivência na Terra é uma importante escola de evolução espiritual. É preciso conviver – há uma grande luz, há uma grande bênção em conviver. Aquele que se fecha em sua casa, aquele que escolhe um caminho sem conflito, escolhe também um caminho sem sofrimento. Meus amados, alguns conflitos são extremamente importantes para sua evolução. Quando vocês se sentem tocados por alguma dor, quando vocês se sentem até prejudicados – por uma situação ou outra –, vocês são obrigados a estudar, crescer, aprender, perdoar, encontrar sua Luz Maior. Esses conflitos são bem-vindos. Imaginem uma pessoa que nunca fosse desafiada...

Imaginem uma criança que não tivesse de usar suas pernas – que não tivesse de aprender a andar, caminhar, que tudo lhes fosse oferecido –, essa criança não seria feliz. As situações vêm para vocês se desenvolverem. As situações acontecem para que vocês encontrem a profunda força interior. E, enquanto os problemas, as atividades, as pessoas passam por sua vida, sua mente floresce. Você aprende coisas novas e você pode fazer, todos os dias, novas escolhas. Olhar para as mesmas situações que sempre olhou, de outra forma, de outro jeito, com um novo sentimento. Nós estamos aqui para fazer com vocês a Conexão Espiritual. Para fazer em vocês o Toque do Coração. O caminho da Ascensão Espiritual, da Elevação, é o Caminho do Coração.

Deixem tocar o coração. Deixem abrir o coração. Quanto mais amor, mais confiança; quanto mais amor, mais inteligência iluminada; quanto mais amor, mais curas espirituais. Neste momento, estamos tocando o coração de vocês, com profundo Amor. Nós somos Seres Espirituais, da Hierarquia de Órion, fazendo a conexão para a Elevação da Consciência do Planeta Terra. Neste planeta-escola vivem muitas almas, que precisam do despertar do Amor. Sejam esse Amor, sempre conscientes de que estamos com vocês, cuidando e oferecendo nosso Poder e Luz. Neste momento, nós estamos plantando espiritualmente uma grande Luz no Coração e na Terceira Visão de vocês – deixem o toque acontecer. Bênçãos e Luz, meus amados. E sigam em Paz.

❀ ❀ ❀

Depoimento

Silvana Santos Toti, tenho 52 anos, sou nascida em Itararé, São Paulo, que depois descobri que é a cidade de nascimento da MS. Resido em Sorocaba, São Paulo. Trabalho como agente de telecomunicações. Sou espiritualista e adoro pesquisar e aprender, fazendo cursos de terapias de autoconhecimento e procurando ultrapassar desafios em ser cada dia melhor como pessoa.

Existem pessoas que você conhece, e outras Deus apresenta a você.

E foi assim com a Maria Silvia Orlovas, quando a vi em um *workshop* em São Roque em 2005. Parecia que já a conhecia há muitos anos. Além de sua beleza natural, seus olhos expressavam uma angelitude e ao mesmo tempo uma força que invadia a alma e me desnudava. E, quando começou a falar, respondia o que minha alma queria e estava precisando ouvir. Foi um dia mágico que me motivou a ampliar meus conhecimentos com seus livros, principalmente *Os Filhos de Órion,** e a seguir suas matérias em *sites* como o Stum e, posteriormente, através dos vídeos no YouTube e Facebook.

Com sua energia e linguagem clara e realista, vinha ao encontro de meus desafios do dia a dia. E passei a compartilhar com outras pessoas, que também passaram a segui-la, porque continha soluções práticas para olharmos, com novas perspectivas, os nossos problemas e desafios.

---

*N. E.: Obra publicada pela Madras Editora.

Houve a possibilidade de convidá-la para um *workshop* em Sorocaba, ao qual ela veio atendendo a meu convite e foi um sucesso. E passei, com outras pessoas, a frequentar seu espaço em São Paulo, Alpha Lux. E nessa convivência com *workshops* e terapia particular de vidas passadas, conheci através de sua exposição essa técnica chamada Ho'oponopono. Por *workshops*, *lives* e pérolas diárias, veio trazer um novo roteiro de compreensão da vida. A partilha das experiências vividas por diversas pessoas de vários lugares e a confiança na exposição íntima fizeram com que eu me sentisse mais integrada à humanidade, que também tem alegrias, tristezas, fé e inconformismo. Os *webinars* e os *lives* foram muito ricos e trouxeram uma verdadeira terapia *on-line* com gente como a gente e tendo a Maria Silvia, com toda a sua própria experiência e compreensão de vida e com uma linguagem terapêutica e prática, a me integrar a um universo, que o que vale mesmo é o que se sente, o que se vive verdadeiramente.

O Ho'oponopono para a minha vida trouxe a amenização e a resolução de alguns conflitos com familiares, os quais se reaproximaram como que por mágica. Mesmo que com alguns, cada um na sua, mas agora, com outro olhar e sentimento que acalenta o coração com mais amor e desapego.

No relacionamento amoroso pessoal houve uma compreensão de fatos e atitudes que não estavam funcionando. Menos drama e mais aceitação e compreensão do universo do outro e a certeza de que cada um está em seu momento, com dúvidas, medos e anseios. E que cada um é único e, se houver ressonância, é possível compartilhar sem julgar ou forçar o outro a ser o que ele não é, só para nos agradar. E aceitar que Ser Autêntico é o que realmente vale em uma relação a dois.

No trabalho, trouxe-me mais união com as pessoas e um convívio mais democrático, em que respeitei mais o momento do outro e o espaço importante que cada um ocupa com seus conhecimentos e habilidades. Todos são importantes e a união faz a força, para que o trabalho saia a contento e possa beneficiar um maior número de pessoas.

A saúde melhorou muito, pois, já sem tanta mágoa, com a paz e a compreensão de mim mesma e dos demais, disse adeus a uma gastrite.

Também me fizeram dormir sentada, mas acordar bem melhor, com o coração mais leve, e a ter sonhos com explicações de fatos que estava passando. Possibilitaram-me no outro dia, ao acordar, resolver de forma diferente e melhor de como tinha anteriormente planejado e sem muita convicção.

Sei que com essa ótima ferramenta que se chama Ho'oponopono poderei assimilar melhor meu aprendizado e solucionar meus desafios nesta vida da forma que for melhor para minha felicidade.

Ao repetir sinto muito, arrependi-me e me senti mais humilde em reconhecer que também falho, que não sei tudo e também não correspondo ao que esperavam de mim. Mas foi o meu melhor e o do outro, naquele momento.

O me perdoe significa que tanto eu como o outro merecem uma nova chance de fazer melhor. E, se não houver a compreensão do outro, respeitar e limpar com o Ho'oponopono essas memórias e sensações dentro de mim mesma, que também pode ser uma reparação de ações de vidas passadas, em que acredito. E na situação como um todo, com o tempo necessário que o fato requer para o aprendizado próprio e de todas as partes envolvidas.

O Eu te amo... é o Tudo! É quando você se interioriza e traz aquele sentimento de reconhecimento de seu próprio valor como filha de Deus, com erros e acertos, e da igualdade do outro perante você, a própria vida e com o Criador.

O obrigada, sou grata... é a verdadeira gratidão da alma por essa experiência que te liberta e te faz muito melhor!

E sei que hoje, como ontem, os ensinamentos da Maria Silvia continuam fazendo parte do meu dia a dia, onde posso reabastecer com uma ótima energia e com conteúdos diversos de aprimoramento e qualidade de vida, que compartilho com meus amigos e familiares.

Muito grata, Maria Silvia, por fazer parte e por me ensinar a ter um novo olhar e sentido para a minha vida.

Silvana Santos Toti.

❦ ❦ ❦

Depoimento

Quando a gente encontra alguém que ilumina nosso caminho como a Maria Silvia iluminou o meu, só temos coisas maravilhosas para dizer. Meu nome é Elissa Natalie Moreli, tenho 30 anos, sou jornalista, especialista em mídia digital e terapeuta reikiana.

Eu adoro relembrar a maneira como conheci a MS, porque ela veio até mim como um caminho de cura e autoperdão. Eu estava em um dia triste e cheio de culpas em meu coração quando uma colega, com quem eu não conversava havia um tempo, me enviou a *live* da MS que começaria naquele momento. Assisti ao vídeo até o final e me encantei com a maneira doce e sincera de ela falar sobre nossa jornada.

De admiradora, tornei-me aluna do curso "Transformando Relacionamentos com Ho'oponopono". Foi libertador conhecer essa técnica de cura havaiana por intermédio da Maria Silvia. Mais do que aprender sobre o que é o Ho'oponopono e os benefícios que ele traz para nossa vida, ela nos faz mergulhar profundamente dentro de nós mesmos para descobrir nossos maiores medos, desacertos e entender que podemos curar tudo isso. Com o Ho'oponopono descobri que posso vencer as dores do passado e que, apesar de ser muito difícil no começo compreender que eu sou 100% responsável por tudo o que acontece em minha vida, é libertador enxergar que depende só de mim mudar o que há de ruim em minha realidade. Além disso, a história de vida da Maria Silvia é o melhor exemplo de que o Ho'oponopono é transformador.

Praticando diariamente, venci muitos medos e situações desafiadoras pronunciando as quatro frases: sinto muito, me perdoe, te amo, sou grata! Em qualquer lugar, a qualquer hora, o Ho'oponopono é meu aliado para me livrar dos pesos e das frustrações que a gente enxerga na vida. Eu já tinha conhecimento sobre conexões energéticas através do reiki; no entanto, praticar a limpeza das quatro frases potencializou ainda mais o efeito da energia reiki em minhas manhãs de preparação para começar a rotina de trabalho.

Tornar-me aluna e seguidora da Maria Silvia e praticar o Ho'oponopono é um bem necessário de que eu não abro mão para ter mais equilíbrio e leveza para viver a vida.

Sou imensamente grata pelo dia em que eu assisti à sua *live* pela primeira vez naquela tarde de domingo angustiante.

Gratidão ainda maior por ter me conectado com a energia de amor e de cura do Ho'oponopono através dela. Um verdadeiro presente do Universo. ♡

❀ ❀ ❀

Depoimento

Meu nome é Rosana Araújo, 49 anos, tenho dois filhos de meu primeiro casamento, sou professora de yoga e moro na cidade do Rio de Janeiro.

Minha história com o Ho'oponopono começa em 2012, quando, em meio a um momento muito turbulento em minha vida, depois de dez anos separada, tive de voltar a morar na casa de meus pais. Mesmo me acolhendo com muito amor, ainda tinha questões não resolvidas com meu pai.

No primeiro momento, tive muita resistência. Nossa relação nunca havia sido muito boa. Além disso, minha autoestima estava baixa, em um emprego que não me trazia felicidade e uma condição financeira ruim, ou seja, vivendo um caos total.

Até que um dia, uma grande amiga me deu um presente: um livro chamado *Limite Zero*. Nesse livro, falava-se de uma técnica havaiana de cura chamada Ho'oponopono. No primeiro momento, não entendi como alguém poderia ser responsável por tudo em sua vida, até mesmo as coisas ruins.

Como vim de uma família católica, as coisas não faziam muito sentido, ainda que mãe fosse muito ligada ao kardecismo. Desde muito nova frequentávamos juntas reuniões espíritas de um centro perto de casa. Aquilo sempre me fez muito bem, e me sentia muito envolvida com a espiritualidade, lendo muito e acreditando que existe vida após a morte e que estamos aqui para evoluir.

Um belo dia, assistindo a vídeos pela internet, apareceu-me uma pessoa com a voz doce falando sobre espiritualidade e Ho'oponopono. Com uma linguagem fácil de entendimento, ela se chamava Maria

Silvia Orlovas, uma terapeuta de vidas passadas. Passei então a seguir MS, aprofundando-me em seus ensinamentos e na técnica havaiana de cura.

Depois dali, tudo começou a fazer sentido para mim. Peguei firme na técnica do Ho'oponopono, com as frases:

- Sinto muito
- Me perdoe
- Te amo
- Sou grato

Praticando Ho'oponopono, finalmente entendi o porquê de sermos responsáveis por tudo o que acontece em nossas vidas, como tinha lido no livro anos atrás. Fui entender de verdade com a MS.

Graças à técnica, comecei um processo de me curar. Além das questões paternas, também havia outras relacionadas a tudo o que estava a meu redor. Vi que com essa ferramenta e com os ensinamentos da MS podemos curar qualquer tipo de problema, seja relacionado ao trabalho ou saúde e até mesmo pessoais, sempre entregando tudo ao divino criador.

Com o Ho'oponopono tive experiências incríveis.

Minha relação com meu pai melhorou, saí de minha antiga profissão, fiz um curso de formação em yoga e hoje sou professora, muito feliz nesse caminho. No meio disso tudo, conheci o grande amor da minha vida, e estamos casados há quatro anos.

Foram tantas transformações em tão pouco tempo que às vezes não acreditava que isso seria possível de acontecer comigo.

Hoje posso afirmar que com o Ho'oponopono minha vida mudou. Sinto-me confiante e encorajada a enfrentar todos os desafios que podem aparecer, recomendando a todos à minha volta.

Gratidão, MS. Gratidão, Ho'oponopono.

Rosana Araújo, proprietária do Anahata Studio de Yoga – Rio de Janeiro.

Capítulo 6

O milagre do acolhimento

Quando você acolhe a dor, os aprendizados, os desafios. Filhos.

O milagre do acolhimento acontece quando a semente mergulhada na terra é acolhida pelas entranhas da mãe, que guarda os pequenos brotos, permitindo sem resistência que eles encontrem caminhos para alcançar a superfície.
O milagre do acolhimento da mãe terra é generoso e paciente.
Quando os pequenos brotos independentes ganham o céu expondo seu verde recém-conquistado, a amada mãe terra apenas deixa acontecer, livre de cobranças ou necessidade de reconhecimento, ela se contenta em ser apenas o solo desse novo ser.
Assim também deveríamos ser nós, mães e pais de nossos filhos, que antes de serem nossos são de Deus.

Pais e mães não são santos, nem sábios, nem têm respostas para tudo, tampouco sabem tudo. E os filhos também não sabem tudo, nem o que pedir nem como receber. Estamos aprendendo com nossos filhos como sermos pais, assim como eles aprendem conosco como serem filhos.

Não existem regras que valem para todas as famílias, assim como não existem famílias perfeitas. A única regra que devemos acolher e manter em nossa caminhada é o amor.

Sem amor, nenhuma cura é possível.

Sem amor, nenhum relacionamento se sustenta.

Lembro-me de que, enquanto elaborava meu curso "Transformando relacionamentos com Ho'oponopono", estava passando por um período bem complicado com minha filha mais nova. Um período cheio de dúvidas, brigas, mal-entendidos e rebeldia. Em alguns momentos até me questionei sobre falar de filhos, quando minha relação com ela era tão complicada.

Ter esse sentimento mexeu muito comigo, tornou de vidro o telhado de minhas crenças, e me senti exposta à minha própria condição de mãe que pode falhar. Porém, sempre acreditei no amor e, justamente por estar vivendo uma situação difícil, investi com ainda mais afinco, na prática do Ho'oponopono de forma mântrica, direcionando energia de cura, amor, acolhimento para nossa relação.

A dor dos desentendimentos com minha filha me incentivou a rezar mais, fazer mais Ho'oponopono e aprender cada vez mais que podemos mudar a vida.

❀ ❀ ❀

O milagre do acolhimento passou a fazer parte de meu dia a dia

Todos os dias rezava para minha filha, imaginava-a na minha frente, sentada no meu colo, e fazia Ho'oponopono para ela 108 vezes. Às vezes dormia e acordava fazendo Ho'oponopono.

- Sinto muito
- Me perdoe
- Te amo
- Sou grato

Estava lidando com sentimentos muito pesados que foram bem difíceis de entender.

Não fazia sentido tanta rebeldia, porque ela sempre foi muito querida.

Por que então ela não se sentia amada?

Em minha casa não existiam brigas, nem gritos, nem nenhum tipo de agressão ou desrespeito, então eu achava que ela estava errada, que estava desajustada. No começo confesso que não tinha vontade de fazer

Ho'oponopono para ela, porque eu me sentia desrespeitada e agredida pelas atitudes dela. Foi difícil admitir que sentia raiva, mágoa, dor, porque ela era minha filha querida, criança amada, que veio em um momento bom de minha vida e tinha um bom pai, uma família estruturada. Pensava que rebeldia não cabia nesse contexto.

Descobri que não aceitava o que estava vivendo.

Queria que minha filha fosse minha expansão, que agisse como eu.

Descobri também que não aceitava a individualidade dela.

Não aceitava que ela fosse diferente daquilo que eu imaginei como correto, como bom, e, com isso, sem entender o poder da cocriação, estava alimentando o mal, porque sentia dor, raiva, mágoa.

Depois comecei a entender que toda confusão emocional negativa poderia vir de outras vidas, de escolhas do passado distante, ou mesmo de uma não aceitação da parte dela da forma que a sociedade vive atualmente.

Como fui muito reprimida em minha infância, sem perceber estava repetindo o padrão, querendo organizar da minha maneira a vida de minha filha.

O fato é que descobri que nem sempre precisamos acessar uma explicação profunda, como pensar em vidas passadas para fazer Ho'oponopono com um foco perfeito. Muitas vezes basta aceitar que aquela situação precisa de uma cura, e trabalhar por essa cura.

Podemos pedir acolhimento e inspiração para a mãe divina, como ensina a amada mestra ascencionada Kuan Yin nesta canalização.

✽ ✽ ✽

O AMOR QUE DESCONHECE LIMITES
Canalização Kuan Yin - Chama Violeta 1/11/2016

Meus amados, existe um amor que desconhece limites, esse é o amor da mãe.

Ainda que um filho possa se perder, ele continuará sendo filho.

Ainda que um filho possa escolher não amar você, ele continuará sendo filho.

Ainda que um filho possa se distanciar de você, mãe, e viajar o mundo, ele continuará sendo filho.

Espiritualmente, quando você se conecta à energia da grande mãe, vocês soltam lentamente a condição de filhos da matéria.

Ser um filho é algo absolutamente favorável, porque o filho tem de sua mãe a bênção, a graça, e a luz de sua energia. Isso se chama conexão.

Amados, nunca esqueçam que espiritualmente vocês podem voltar à condição de filhos.

No mundo material, muitos se enganam e trabalham desde cedo para encontrar seu sustento, para ir em busca da autossuficiência.

Desejam prover a si mesmos condições materiais de trabalho, de comida, de parceiros, de amigos, de estudos, e tudo isso é natural. Mas nunca esqueçam da condição sagrada, e favorável, de ser filhos.

No momento em que vocês se distanciam da presença e do amor da mãe, estão soltos na vida. E, ainda que existam laços profundos, a mãe com sabedoria deve liberar seu filho para que ele possa viver suas escolhas.

Ela solta o filho para que ele possa viver sua liberdade, para que ele possa vivenciar todos os aprendizados e desafios que lhe cabem.

Então a boa mãe, a sábia mãe, não interfere criando limites na vida do filho. Ao contrário, ela permite com desapego que esse filho, como um pássaro, alce seus voos, até que em um determinado momento dessa jornada o filho se descobre novamente querendo ser filho, e deseja novamente colo.

Nesse momento, o filho se harmoniza com humildade para receber orientação, amor, cuidados e luz da mãe espiritual.

Meus amados, pergunto a vocês:

Estão preparados para ser novamente filhos?

Desejam novamente o colo da mãe divina?

Desejam novamente a graça dos cuidados da mãe?

Se assim for, abram seus corações e trabalhem profundamente a força maior dessa conexão, que é a humildade.

Para receber, as mãos, o corpo e a alma devem estar abertos.

Receber é um ato de profundo amor, entrega e humildade.

Você permite que o Universo e as chances venham até você.

Cabe a você se abrir e esperar, entregar e acreditar.

É nesse campo limpo que as bênçãos da grande mãe podem agir, tocar e fertilizar.

Eu sou Kuan Yin, e minha presença traz paz e amor.

Minha presença traz a expansão de todas as atitudes positivas, e pensamentos iluminados. Recebam nesse momento meu amor e minha luz.

Que as bênçãos divinas venham para cada um de vocês.

No amor e na luz, sigam em paz.

❀ ❀ ❀

O milagre do acolhimento se dirige aos filhos

Quinto Passo: Coragem para encarar de frente a situação com seu filho.

Fazer por você e por seu filho TUDO o que estiver ao seu alcance.

Não nascemos ao acaso.

Ser filho e ser pai é uma tarefa divina, um aprendizado.

Criar um filho é uma das maiores experiências da vida, e o maior desafio do amor também.

Filho é alguém para você educar, doar-se e aprender também.

Porque filho não é bonequinho, não faz exatamente o que você idealiza para ele.

Filho tem seu próprio caminho, seus gostos e desgostos.

Se você tem problemas com seu filho, lembre-se:

Ho'oponopono é o caminho do amor.

Ho'oponopono é o caminho do resgate familiar, afetivo.

Pratique todos os dias Ho'oponopono para sua convivência íntima.

Pratique para aliviar brigas e desentendimentos.

Imagine mentalmente seu filho à sua frente e faça Ho'oponopono para ele.

O milagre do acolhimento ensina a amar de forma livre

Em algum momento de sua vida você se sentiu traído por seu filho?

Magoado com relação às expectativas que criou a respeito dele?

Sofreu alguma ingratidão de seu filho?

Ficou ferido ou triste com a atitude dele?

Nessas horas, o Ho'oponopono para si mesmo é fundamental.

Quando você se sente vítima da injustiça ou da falta de amor, o Ho'oponopono pode ajudar a curar toda situação.

Se não consegue fazer Ho'oponopono para curar a situação com seu filho, aceite que sente dor, raiva, mágoa, e que ainda não é capaz de agir melhor, então faça Ho'oponopono para si mesmo.

Faça Ho'oponopono para se perdoar por ter vivido essas situações difíceis.

Olhe para você com amor, então diga:
- Sinto muito
- Me perdoe
- Te amo
- Sou grato

O milagre do acolhimento pode ativar as curas em você mesmo

Pratique a oração do perdão de seu jeito.

Você pode se inspirar em textos conhecidos ou criar seu próprio enunciado falando de perdão.

Você pode ler ou gravar com sua voz.

Nos momentos de aflição, repita a oração em voz alta, ou simplesmente ouça de olhos fechados mentalizando situações, fatos ou pessoas que vêm à sua mente como uma dor ou tristeza.

Observe que gravar a oração com sua voz pode ajudar muito no fortalecimento de sua intenção de perdoar.

Lembre-se de que a oração é ativada por sua vontade, por sua conexão. Então, amigo, faça sua parte. Vamos na luz. Foco no bem.

❀ ❀ ❀

O milagre do acolhimento pode curar sua vida

Ho'oponopono ensina que somos 100% responsáveis por tudo em sua vida, e, quando o assunto é filho, sei que isso se torna bem pesado, principalmente se o momento é de dor.

Achamos que não merecemos sofrer com os filhos, ainda mais se estamos fazendo nosso melhor.

Quando não somos aceitos, compreendidos ou amados por aqueles que mais amamos ou aos quais nos doamos, concordo que fica bem difícil aceitar, porém, como os mestres ensinam, estamos pais, estamos filhos, não pertencemos às pessoas ou situação. Somos uma alma antiga, vivendo muitas histórias, e já fomos irmãos, pais, cônjuges, desses espíritos que hoje estão como nossos filhos.

Alguns podem pensar: eu nunca fiz mal a ninguém, como posso ser responsável se as coisas não dão certo?

Como posso ser responsável se não consigo estar em paz com meu filho?

Como posso ser responsável por meu filho ter me abandonado ou me desrespeitado?

São questões bem difíceis de explicar, mas vamos lembrar que o Ho'oponopono atua em planos sutis, atua em memórias de outras vidas, em coisas pesadas do astral que impedem nossa evolução.

Ho'oponopono limpa a vibração, mesmo que você não tenha respostas.

O que significa que em algum momento você pode ter atraído esse mal para sua vida e que agora está na hora de limpar.

Nesse momento, vamos ativar a luz do Ho'oponopono para limpar compromissos cármicos.

Vamos nos conectar ao Ho'oponopono para estabelecer a ordem divina do amor em nossa vida.

❀ ❀ ❀

O milagre do acolhimento atua como amor e respeito

Algumas situações da vida podem afastar mães e filhos.

Algumas mães lutam na justiça pela guarda dos filhos, outras lutam para que o pai ausente reconheça a criança, pague pensão; por conta desse tipo de situação, acaba mergulhando no sentimento de abandono e na crença da injustiça.

Já vi brigas assim, intermináveis, cheias de mágoas, de situações obscuras, e sei que nessas horas a única luz é a prática mântrica, continuada, do Ho'oponopono.

Ho'oponopono com japamala, rosário de contas por 108 vezes.

Ho'oponopono escrevendo as frases repetidamente em folhas de caderno, que também é uma prática ancestral na Índia.

Se você é mãe, ou pai, e vive esse tipo de confronto, assuma o controle pedindo à divindade:

Divindade, limpa em mim a raiva.

Divindade, purifica meu coração de todo ódio para que a luz divina possa se manifestar.

Nesse momento eu ... (diga seu nome) peço perdão por toda e qualquer atitude, pensamento ou palavra que possa ter despertado essa raiva, esse desentendimento.

Divindade, limpa em mim a necessidade desse tipo de aprendizado pela dor.

Divindade, permite-me viver com meus filhos o amor, a harmonia, a paz.

- Sinto muito
- Me perdoe
- Te amo
- Sou grato

❀ ❀ ❀

O milagre do acolhimento para aliviar a dor do mundo

Nos últimos anos, com a prática do Ho'oponopono bastante solidificada em minha vida, e em meus grupos, deparei-me com algumas histórias bem tristes de famílias afetadas pelo suicídio. Com muito respeito, vou compartilhar com você um pouco das percepções que tive sobre um tema tão complexo.

A primeira situação triste com que convivi veio com uma família que perdeu o filho de 14 anos que se suicidou. Um fato chocante, sem maiores explicações, que veio carregado de julgamentos, piedade e perplexidade.

A família chegou até mim desarvorada, sem saber o que pensar a respeito. Vieram para meu grupo de meditação sem saber o que pedir ou esperar. Uma pessoa os trouxe, e eles tão perdidos simplesmente se deixaram carregar até meu espaço.

Olhando aquelas pessoas e sentindo a reverberação de dor, o único sentimento que cabia era Ho'oponopono, pois não havia o que ser feito, perguntado, comentado, nem sequer direcionado.

Apenas o perdão poderia preencher o espaço de dor.

Ficou claro para mim que os pais do garoto não mereciam os olhares curiosos nem o julgamento que a sociedade faz em busca de respostas rápidas para aliviar a dor.

Não havia explicações.

Eles procuraram ajuda, buscaram tratamento para o menino, e não esperavam o triste desfecho que mudou completamente suas vidas, e a vida de milhares de pessoas que foram impactadas com a dor. Muita gente abriu a percepção para a dor do adolescente, muitos já sabiam que as relações precisam de mais amor, e de um olhar mais profundo.

No tempo que convivemos, vi o desespero dessa família em encontrar um significado para tanto sofrimento, e aos poucos o caminho foi se delineando quando eles resolveram aliviar a dor, ajudando outras crianças, apoiando outras famílias que cuidam de adolescentes rebeldes, perdidos em seus desencontros emocionais.

Foram meses de Ho'oponopono, de meditação, de doação de energia com o foco nessa questão.

Não sei se por abertura, conexão ou momento planetário complicado, na mesma época em que eles procuraram minha ajuda, surgiram vários outros casos de suicídio. Todos muito tristes. Confesso que me trabalhei muito na tentativa de levar mais amor e perdão para as famílias envolvidas.

Divindade, limpa em mim a dor que consome esta família.

Divindade, limpa em mim o pensamento de que algo deveria ter sido feito antes do triste desfecho.

Divindade, limpa em mim o julgamento dessa questão.

Que eu vibre apenas amor.

Acolher significa amar sem barreiras.

- Sinto muito
- Me perdoe
- Te amo
- Sou grato

Como ensina o Ho'oponopono, somos 100% responsáveis por tudo em nossa vida.

Eu e meu grupo acolhemos sem julgar aqueles pais, porque a dor deles era também a nossa, e a cura deles também seria nossa cura. Assim, vimos a escuridão do sofrimento ganhar um filete de esperança com as preces.

Claro que não temos respostas fáceis para um assunto tão profundo, nem deveríamos tentar ter. Aprendi com essa convivência que, quando não temos o que fazer, o que nos resta é amar. Só amar, mesmo sem entender, mesmo sem poder fazer nada, mesmo quando faltarem palavras, ou atitudes, o que nos resta é amar.

Amamos aqueles pais, aquela família, aquelas pessoas sem pensar, sem julgar que, se tivessem feito algo diferente, a vida poderia ser outra.

❀ ❀ ❀

O milagre do acolhimento solta as amarras do julgamento

Outro aprendizado no sentido de acolher, e simplesmente amar, aconteceu com uma amiga da família, a Araci, que cria com todo carinho e dedicação um filho autista.

Diagnosticada com poucos meses de idade, a criança exige completa atenção para tudo, e ela e sua família se desdobram para acolher e cuidar.

Fazem mais do que podem, porque o amor está potencializando neles uma visão sem limites para a ação do divino, mas não é fácil.

Nesse caminho, o Ho'oponopono tem sido também um suporte.

A vida mostra que, quando não há uma solução, a única solução é o amor.

O milagre do acolhimento ensina que o cuidador precisa de cuidados

Araci confidenciou que em muitos momentos a criança está lá, sendo cuidada, amparada, tratada, enquanto do outro lado ela está carente, precisando de carinho, de uma palavra amiga, de um suporte.

Felizmente ela entendeu seu processo e está sendo acompanhada, faz terapia e tem pessoas boas que ajudam na caminhada.

A vida continua dura, mas ela pediu ajuda, e está cada dia mais aberta para receber, o que alivia muito sua situação.

Como é comum acontecer, em casos assim complexos, ela acabou se separando do pai da criança. O casamento não aguentou. Muito triste, mas bem comum esse desfecho.

Há muitas situações parecidas, em que as pessoas querem fugir do compromisso cármico. Há casais que se perdem buscando culpados, famílias que não dão conta de cuidar de alguém doente.

Conheci também pessoas que deixaram tudo para trás para cuidar de um filho envolvido com drogas, e nessas horas continuar na luz, somente com muito apoio espiritual, orações, terapia e o suporte do Ho'oponopono.

Caso você esteja vivendo algo semelhante, não desanime, continue com sua busca por auxílio e cura. Saiba que a prática do Ho'oponopono poderá ajudar abrindo caminhos para entender os melhores passos, e trazer amigos, e bons profissionais para ajudar na caminhada. O importante é abrir espaço para receber ajuda, e ir seguindo e fortalecendo sua fé. Não desista do Ho'oponopono.

❀ ❀ ❀

Tenho certeza de que algumas pessoas que lerão minhas palavras se sentirão tocadas por essas histórias e olharão para suas vidas de outra forma. Posso apenas dizer que a energia do Ho'oponopono faz a gente olhar a vida de uma maneira expandida o tempo todo.

O Ho'oponopono ensina que há uma luz, um mundo de amor vibrando em seu interior, esperando sua conexão, seu toque, e que sua visão pode ser maior e mais amorosa.

Podemos amar mais, compreender melhor a dor das pessoas e nos tornar mais solidários.

Ho'oponopono é evolução.

- Sinto muito
- Me perdoe
- Te amo
- Sou grato

❈ ❈ ❈

O milagre do acolhimento não ignora nenhuma dor

Amigo leitor, o colo do divino é generoso e sem julgamentos.

Sinto muito se fiz você olhar para situações pesadas, mas, se você está buscando sua evolução espiritual, e alívio da dor, a forma de ativar essa cura é entender que fazemos parte do todo, que somos 100% responsáveis pelos caminhos de nossa sociedade. Aliás, a sociedade é nossa mãe, por isso suas orações, seu Ho'oponopono cheio de amor e compaixão, tocarão as forças do inconsciente coletivo, a egrégora planetária.

Sua luz é minha luz. Sua sombra também é um pouco minha. Assim, Ho'oponopono para nossos filhos, Ho'oponopono para nós mesmos, para termos luz e direcionamento para cuidar das pessoas que estão sob nossa responsabilidade, e ao mesmo tempo Ho'oponopono para o divino cuidar daqueles que são os cuidadores e precisam de carinho.

❈ ❈ ❈

Ninguém nasce pronto
Canalização mãe Maria, 20/12/2015

"Em um tempo, em que a instrução era para muito poucos, meu filho veio à Terra.

Eu não sabia ser mãe, não sabia que seria escolhida para ser mãe, e não sabia como ensinar meu filho a ser quem ele era ou quem ele seria. Estava tudo confuso para mim. Nem a maternidade aceita, nem minha própria condição.

E minha alma cresceu, junto com o crescimento dessa criança. E meu coração se expandiu em amor, junto com minha condição de ser mãe. A maternidade foi me ensinando a ser mãe. E o meu filho foi me ensinando a ser quem eu me tornei – nada veio pronto.

Eu não sabia que seria uma boa mãe. Eu não sabia que teria condições de acolher, de ensinar, de cuidar, de orientar. E mais para a frente eu não sabia que eu teria forças de libertar, deixar meu filho ir, e depois perdê-lo. Nada disso estava pronto dentro de mim.

Durante muito tempo eu me cobrei ser melhor do que eu era. E as dificuldades foram muito grandes – a dificuldade de as pessoas me aceitarem e a dificuldade de eu aceitar a mim mesma.

Não nasci pronta. E, hoje, eu ensino a vocês: ninguém vem pronto. Vocês não vêm prontos para sua vida. Vocês não vêm prontos para suas experiências.

As experiências vão se formando com o caminho da vida. As experiências vão se mostrando, com cada ação, com cada pessoa, com cada troca, com cada escolha.

Você vai se transformando no ser que você é a cada dia, a cada noite, a cada momento que você fecha os olhos e relaxa seu corpo. Vocês nunca estão prontos... E isso não é um problema.

As pessoas cobram demais de si mesmas. Elas querem sempre ter a palavra correta, a resposta correta, a atitude correta. E com isso vivem a se perder, a se esquecer de que as respostas mais profundas e verdadeiras, e as curas mais intensas, estão no coração.

Nenhuma mãe vem pronta. Nenhuma mãe acerta sempre. Nenhum filho faz tudo corretamente. E a mãe não deixa de ser mãe, e o filho não deixa de ser filho.

Vocês são a criação do Divino. Vocês são perfeitos como são, em seu potencial, em sua luz, em seu interior, em sua capacidade de evoluir, em sua condição de crescer.

Nunca desanimem de si mesmos. Nunca se abandonem. Nunca se critiquem em excesso.

Hoje as pessoas reclamam que elas não têm autoestima. Mas não é o mundo que acaba com sua autoestima. É você que acaba com sua autoestima. É você que não sabe olhar para si mesmo. É você que não sabe fortalecer seu bem. É você que se guarda e se fecha, cheio de incertezas. É você que quer fazer parte do padrão do mundo.

Mas quem criou o mundo? Quem cria esse mundo todos os dias? Quem tem a ação de se formar e transformar o mundo todos os dias? ...

Percebem o poder? Percebem o poder que cada um de vocês tem? As limitações estão em suas escolhas. As impossibilidades estão nas ações que vocês não tomam. No pensamento que vocês não acreditam.

Vocês podem fazer tudo aquilo que acreditam poder. Vocês podem fazer tudo aquilo que se dedicam e se abrem a fazer. E, se as dificuldades aparecerem, e se as sobras se mostrarem maiores do que o Sol, aquilo também vai passar. Aquele momento de confusão e de sofrimento também irá terminar.

É preciso desenvolver os dons, as virtudes – da paciência, da tolerância, da simplicidade, da perseverança. Cuidem de seu bem, perseverem em seu bem. E sejam melhores do que são, porque isso também é possível.

A cada dia, você pode se reinventar. A cada dia, você pode fazer mais por você. A cada dia, você pode se resgatar.

Não se apeguem ao sofrimento. O sofrimento é proporcional à sua incompreensão. Quando você compreende o porquê de uma determinada história ou situação em sua vida, naturalmente aquilo se desfaz, e o sofrimento não tem mais lugar.

Vocês sofrem, quando não aceitam, quando não compreendem, quando se perdem de si mesmos.

Força em sua luz. Amor em seu coração. Fé em sua vida. E paz.

A serviço da mensagem do Cristo. Na sintonia do amor que renasce a cada dia, Eu Sou Maria, e abençoo vocês.

Amados sejam. Amados são.

Bênçãos e Luz. Sigam em paz.

❀ ❀ ❀

Depoimento

Eu sou a Heloiza Pacini Smith, esposa, mãe, terapeuta de relacionamentos, sensitiva.

Filha e praticante dos ensinamentos de minha mãe, a MS.

Desde muito nova ela me ensina tudo que vai sentindo, intuindo e aprendendo.

Hoje temos uma linda relação de amor e admiração, relação essa curada com a ajuda do Ho'oponopono.

Mesmo eu já mais velha, ainda tinha dores de minha infância, sentindo a ausência de minha mãe, e queria me curar disso. Foi quando comecei a fazer um exercício no qual visitava minha criança. Fazendo o Ho'oponopono de fundo.

Como eu chorei em me ver tão pequena e frágil, meu Deus!

Às vezes, até sentia vergonha de tanto choro.

Em minha vivência interna, como minha mãe ensina nas práticas de Ho'oponopono, eu adulta me pegava no colo, e repetia para mim mesma as frases:
- Sinto muito
- Me perdoe
- Te amo
- Sou grata

Fui vendo que a dor era da mulher adulta que projetava dores na criança.

Percebi que a criança teve a mãe por perto, teve a atenção e carinho; só não foi perfeito porque ninguém é.

Parei de cobrar de minha mãe a perfeição. Assim fui curando minha mulher adulta, e o mais fantástico, curei a forma como eu estava lidando com a maternidade, que até então estava cheia de culpa e dor.

Melhorei muito como mãe, e curei minha relação com minha mãe.

Fui sentindo que a mudança estava em mim, que a dor era minha; então, se era minha, eu tinha o poder de mudar.

O Ho'oponopono atua no sistema de crenças profundas, e muitas vezes inconscientes, que temos. Mas confesso que não fui buscar algo específico ou direcionado. Apenas sentia que havia um desconforto muito grande dentro de mim, sentimentos de dor, mágoa, e vivia buscando um amor irreal.

Já com meu filho eu era só culpa.

Meu Deus, como estava fazendo mal a mim e às pessoas que estavam a meu lado.

Então me abri ao meu Divino, e tive uma conversa séria.

Abri minha dor.

Abri minha sombra a mim mesma.

Acolhi minha dor, e olhe que eram muitas memórias.

Fiz um acerto assim com Deus:

"Divino que há em mim, sinto dores emocionais que me fazem mal, e não sei de onde elas vêm. Mostra em mim a origem e minha responsabilidade. Assim eu posso me entender e me ajudar.
- Eu sinto muito
- Me perdoe
- Eu te amo
- Sou grata

Ofereço essa luz, esse amor às minhas emoções não entendidas.
- Eu sinto muito
- Me perdoe
- Eu te amo
- Sou grata

Fui fazendo assim, geralmente antes de dormir, ou quando a emoção me pegava.

Eu me via às vezes querendo chorar do nada, entrava na dor, na vítima.

Fui muito ajudada, por quem???

Por mim mesma.

Eu busquei, eu me abri, eu me vi disposta a olhar de frente para minha verdade.

Essa é só uma das muitas técnicas que fui sentindo e fazendo.

O Ho'oponopono toca cada pessoa de uma forma.

Para cada pessoa ele vai atuar de uma forma.

Não há tempo para ele agir, e outro detalhe: o resultado nem sempre vai ser como você está esperando.

Uma dica: não faça tendo um objetivo fixo.

Faça, faça com fé que algo de muito curador e especial em sua vida vai mudar.

Uma das coisas do Ho'oponopono é que ele vai atuar onde está realmente precisando.

Eu achava que ele iria atuar de uma forma, e no final foi mais profundo do que eu podia imaginar.

Abra. Sinta e cure sua vida.

Ho'oponopono é algo maravilhoso e que vem mudando minha vida desde o primeiro contato que minha mãe teve e veio dividir comigo aquela experiência.

Tudo tão simples e profundo.

São só quatro frases.

Eu pensava: como aquilo tão simples poderia ter tanto poder e profundidade para mudar tanto minha vida?

Falo porque pratico, acredito, ensino minhas clientes e vejo as mudanças reais.

Não faço de forma aleatória ou de forma banal, esperando um milagre.

Eu me entrego para entender, e peço que ele mostre a verdade que existe além da dor. Assim consigo ter forças para agir.

Tenho ainda outras manifestações do Ho'oponopono.

Uma das coisas que mais gosto de fazer é escrever as frases.

Entro em uma conexão tão profunda.

Escrevo com cores diferentes, pois cada uma atua em cada raio da fraternidade.

Se estou buscando alguma cura, uso a cor azul com verde.

Se busco a cura do amor, uso a cor rosa e a vermelha.

Adoraria mostrar meus cadernos.

Tenho vários.

Fui permitindo que o Ho'oponopono realmente fizesse parte do meu dia a dia, e se tornar a luz que me liberta de mim mesma.

Heloiza Pacini Smith, 37 anos, mãe, terapeuta, desenvolve hoje um lindo trabalho de aconselhamento em relacionamentos, terapeuta floral, tarô e grupo de mulheres.

❀ ❀ ❀

Depoimento

Eu já conhecia o Ho'oponopono e a Fraternidade Branca. Mas eu realmente não sentia o Ho'oponopono de verdade. Foi com Maria Silvia que de fato compreendi a energia do perdão. E como nada é por acaso, sou muito grata à minha amiga por ter me apresentado a Maria Silvia. Na época, estava passando por grandes dificuldades com minha filha mais velha, que apresentava depressão, dificuldades na escola e com os relacionamentos entre familiares e amigos.

Foi desafiador, mas pelo Ho'oponopono, que fazia diariamente no japamala, conforme Maria Silvia sugeria, essa situação foi se limpando, minha filha se tornou mais receptiva, amorosa e a depressão não permaneceu.

Confesso que, em muitos momentos, caía, sentia-me impotente diante da situação, ainda mais se tratando de filhos.

Não perdia nenhuma *live* e fiz todos os cursos da MS. E a cada dia isso foi me fortalecendo, sentimentos em mim foram instalados, como compreensão, amorosidade, perdão.

Em uma busca de autoconhecimento há anos, compreendo que posso fazer escolhas conectadas com meu coração. E o Ho'oponopono me ajudou muito nessa minha busca.

EU acredito. E isso me dá mais lucidez e força.

Um lampejo de consciência.

Olhar pra dentro te faz dar um passo para fora.

Apenas agradeço e sigo, não olho pra trás.

A jornada fica leve, fluida.

E, acredite, nem é sobre aonde vou chegar.

Não é sobre o pote de ouro no fim do arco-íris.

É sobre o TUDO que você vai aprendendo durante todo o caminho.

Raquel Carreras, carioca, apaixonada pelo mar, casada, mãe de três meninas lindas, espiritualista, terapeuta vibracional e proprietária do Espaço Consciência do Ser no Rio de Janeiro.

❀ ❀ ❀

Depoimento

Ser humano de grande luz e invulgar sensibilidade, MS é uma mensageira do plano espiritual entre nós. Sua afinidade com todos os reinos da natureza e seu olhar compassivo nos inspiram a levar a vida com mais leveza, deixando de atribuir uma importância tão grande aos problemas e aprendendo a amar cada pedacinho de nós mesmos, por mais obscuros que sejam.

A simplicidade com que ela fala cria uma atmosfera de intimidade e inclusão.

Estando junto dela é possível sentir-se abençoado, para mim seus olhos transmitem Shaktipat. Não é à toa que ela foi escolhida para transmitir o Ho'oponopono neste tempo e espaço em que vivemos – ela vive na prática o Amor, o perdão e a gratidão.

Não é exagero dizer que o Ho'oponopono está presente em todos os momentos de minha vida e sou uma pessoa melhor com meus filhos, pacientes, familiares e desconhecidos, por ter aprendido com ela essa forma de autoamor e autoperdão.

O Ho'oponopono apareceu em minha vida como um bálsamo. Estava especialmente desgastada com o sofrimento de um filho, um menino autista.

Após anos de tratamento médico convencional, ele estava cada dia pior; agitado e nervoso, não havia remédio que o acalmasse, quase não dormia e minhas forças estavam minadas. Eu estava no fundo do poço.

A primeira lição que eu demorei a aprender, mas aprendi, era de que eu era responsável (e não culpada) por tudo o que acontecia à minha volta – eu era responsável em última análise pelos sentimentos que eu tinha em cada situação.

O Ho'oponopono prometia nos levar a uma Paz além de todo entendimento (a Paz do Eu), e eu decidi mergulhar de cabeça em busca dessa paz.

O mergulho nas profundezas de mim mesma revelou uma água turva, cheia de lodo, que eu entendi que eram as "memórias" de dor, de sofrimento, de medo, de abandono... coisas tão antigas misturadas com o presente.

Deus está o tempo todo falando conosco e eu simplesmente não conseguia ouvir, ensurdecida por tantas memórias.

Comecei falando as quatro frases para mim mesma incansavelmente e percebi quanto isso me acalmava. Algumas ideias novas surgiam e eu entendi que poderiam ser "inspirações divinas", pois eram carregadas de muita força.

Nessa época eu comecei a sentir um desconforto profundo a cada dose de remédio que dava ao meu filho na intenção de ele ficar controlado, sem sucesso. Em uma atitude ousada, intuitiva e desesperada, resolvi retirar todos os medicamentos de meu filho.

Iniciei um tratamento alternativo com base em uma dieta especial, terapias junto à natureza e muito Ho'oponopono para ele.

Quando eu me deitava, para tentar fazê-lo dormir, eu recitava:

William, eu te peço perdão pela condição especial com a qual você nasceu.

William, eu sinto muito você ter de passar por tantas provações nesta vida, como não poder falar.

William, eu te ofereço meu mais puro amor para cura.

William, obrigada por ser meu filho e por ser quem você é.

O fato é que ele foi se acalmando, tudo foi melhorando e já estamos há três anos sem nenhuma medicação, apesar dos desafios diários inerentes à sua condição.

Em meu processo vieram outras curas relacionadas com meu medo de ficar só, ou de não prosperar em meu trabalho, que hoje não sinto mais.

Não tenho palavras para expressar a paz que o Ho'oponopono trouxe para meu coração. Tenho profunda gratidão por todos que participam de meu caminho.

Sinto-me mais conectada com a luz, sou mais sensível às inspirações que aparecem e encontro mais facilmente soluções para os problemas. Por isso hoje me dedico também a espalhar esse bem que recebi, divulgando o Ho'oponopono, e o trabalho da MS por onde quer que eu vá.

Sou Ivana Neiva, tenho 47 anos, separada, mãe de três filhos: Graham, 19; William, 11; e Cindy, 9. Médica especialista em Medicina Estética, moro em Recife.

Capítulo 7

O milagre da cura

Quando você não precisa mais ter razão.
Doença e cura.

O milagre da cura acontece quando de repente vem uma tempestade, rompendo os dias sem sentido, as horas sem profundidade,
as relações sem amor.
A tempestade da doença chega para libertar a alma, que está presa sem poder expressar o que realmente sente.
O milagre da cura é o movimento da alma perdida de sua luz buscando encontrar novamente o eixo.
O milagre da cura tem seu tempo, seu aprendizado, sua pausa.

Aprendi com os mestres que a doença surge de crenças negativas acumuladas nesta ou em outras vidas.

Uma doença pode ser cármica, e acompanhar uma família por várias gerações, ou pode ser adquirida, aqui, nesta vida, quando alguém se mantém vibrando em padrões negativos por muito tempo.

Para os kahunas, xamãs do Ho'oponopono, a crença é a base fundamental da experiência de qualquer realidade.

Aquilo em que acreditamos, manifestamos.

Quanto mais firmemente acreditamos em algo, mais profundamente isso afeta nossa experiência. Obviamente, a principal tarefa do curador kahuna, e da prática do Ho'oponopono, é ajudar as pessoas a mudar suas crenças de não saudáveis para saudáveis.

O Ho'oponopono diz que somos totalmente responsáveis pelo mundo que criamos à nossa volta. Sei que às vezes é bem difícil encontrar um sentido real nessa afirmação, porque quase sempre nos sentimos vítimas do destino. Mas, quando começamos a nos limpar das memórias de dor, das raivas e mágoas, vamos assumindo nosso poder pessoal. Deixamos de ser apenas pessoas que brigam por seu espaço, que desejam vingança e justiça, que carregam mágoas e raivas... o que, aliás, nos prende ao mundo da dor.

❦ ❦ ❦

PARA ACONTECER A CURA É PRECISO ACEITAR A DOENÇA
Canalização Arcanjo Rafael - Chama Verde 16/1/2013

Amados filhos. Para que possa acontecer a cura em sua vida, é preciso primeiro que você aceite a doença.

Se você está doente, se sua vida está doente, se seus relacionamentos estão doentes, se há algo em sua vida que está em desarmonia, aceite que isso é real. Não diga para si mesmo que não existe doença, quando em sua mente você acredita em doença.

Aceite que há uma desarmonia. E aceite que, da mesma forma que há essa desarmonia que trouxe algum tipo de doença para você ou para a sua vida, há também uma força de cura, de possibilidades e de transformações.

Infelizmente, as pessoas aceitam com muita facilidade a doença. Aceitam com muita naturalidade o problema, as condições complicadas, a falta de amor, os desafios. E incorporam essas situações de desarmonia em suas vidas, acreditando em tudo isso como um limite, como algo que não vai mudar.

Porque ainda o planeta, as pessoas, as famílias e aquilo que forma a egrégora planetária, uma egrégora de sentimentos e pensamentos e atitudes que reverberam, são muito densos.

Então não basta dizer: eu acredito na saúde. Eu acredito na prosperidade. Eu acredito no amor e eu nego a doença, eu nego o sofrimento, eu nego a pobreza. Porque vocês diriam isso na mente, mas não diriam no coração, não diriam em sua percepção, em seu olhar.

Então é preciso aceitar e buscar na aceitação também a aceitação do Bem. Também a aceitação de um poder maior, que tem o domínio, que tem a força e que pode oferecer, pela graça, qualquer tipo de cura a você.

Existe o carma? Sim! Mas existem poderosas forças, transformadoras, que você pode acessar.

Este é um tempo de muita importância. Um tempo de grandes transformações, de possíveis grandes milagres. Quando vocês se deitarem em suas camas à noite, para descansar o corpo físico, ofereçam a Deus.

Tenham esse diálogo profundo com o Pai:

– Meu Deus, opera em mim teus milagres. Cuida de mim, meu Pai. Cuida de mim com amor. Eu me abro para realizar na vida aquilo que fará bem a mim e aos meus irmãos, a humanidade.

E, quando você disser isso, abra-se de verdade e durma tranquilo. Uma mente pacificada, uma mente que se deixa conduzir pelo amor de Deus, permite os milagres. Permite que sejam feitas conexões no inconsciente.

Se, ao contrário, você, ao dormir, dorme cheio de preocupações, de medos, de incerteza quanto ao amanhã, de inseguranças, de raivas... ou pensando pura e simplesmente em suas obrigações do dia seguinte, sua mente não desliga. E todo aquele turbilhão de pensamentos, de ideias, de medos continuará percorrendo você.

É preciso cortar essa frequência. E essa frequência é facilmente quebrada por meio da meditação, da oração, da repetição do nome de Deus, dos mantras e dessa verdadeira entrega no período noturno. Naquele momento seu inconsciente pode ser transformado. Mas você precisa acessar esse estado, essa paz, essa tranquilidade.

E, ao despertar pela manhã, faça o mesmo. Coloque as mãos no peito e diga para si mesmo:

– Deus, cuida de mim hoje. Guia meus passos, guia minhas atitudes. Que eu possa fazer o Bem para as pessoas, que eu possa fazer o Bem para mim mesmo. Que eu possa ter um bom dia, com boas palavras, com boas atitudes.

E aí você pode seguir seu dia. Fazer suas orações, fazer aquilo que está habituado a fazer. O momento do sono, tanto no dormir quanto no despertar, é um portal. O momento é um portal poderoso, por onde você pode atravessar e encontrar seus mentores. Nesses momentos seu corpo se expande, seu corpo espiritual se desdobra. E você poderá se conectar com a Luz ou com as Sombras.

Esse exercício de cura é muito poderoso. Esse exercício de cura pode fazer grandes milagres em sua vida.

Para colaborar com vocês. Para amar vocês. Para ajudar vocês. Eu sou Rafael e atuo, em sintonia hoje, com a Chama Verde da Cura.

Que meu Amor toque o coração de cada um de vocês. Usem minhas palavras e os ensinamentos que hoje trago, em suas vidas. O Bem está em vocês. O Poder da Cura está em vocês. A transcendência do carma, em ações de abertura e liberdade, está ao alcance de vocês.

A Nova Era é agora e ela se fará por intermédio de pessoas novas... Novas em Deus, renascidas nessa Luz. Vocês.

Transformem-se. Renovem-se. E encontrem seu Deus.

Bênçãos e Luz. Sigam em paz.

❀ ❀ ❀

O milagre da cura deve ser praticado

Observe alguns pontos que, ao longo de minha vida como terapeuta, percebi que provocam doenças nas pessoas. Pode ser que você tenha suas crenças, e suas observações a respeito da origem das doenças, porém trago aqui algumas referências para reflexão.

- Vícios mentais
- Baixa autoestima
- Maledicência
- Críticas cruéis
- Memórias guardadas
- Energias presas
- Brigas constantes
- Raivas não processadas
- Pensamentos negativos
- Culpa, etc.

Se você reconheceu algum desses padrões em sua vida, ou com seus familiares, fique atento e busque melhorar, pois realmente quem vive assim pode adoecer seriamente.

❀ ❀ ❀

O milagre da cura precisa de amor como sustentação

Outro ponto importante que tenho observado é que podemos ser muito cruéis no julgamento quando a doença se manifesta em nossa casa.

Lembro-me de que, quando meu pai descobriu que estava diabético, há mais de 20 anos, nós familiares tivemos grandes verdades para dizer a ele...

Hoje tenho até vergonha de lembrar de como tratamos o assunto, foi feio mesmo. Acusamos meu pai de ser muito estressado, de ter feito escolhas erradas nos negócios e ter de enfrentar a crise financeira; culpamos meu pai por não tomar atitudes que nós achávamos que eram importantes na vida dele e o acusamos por ser guloso, comer doces...

Hoje olho com tristeza a atitude que tivemos com ele, mas naquela época era apenas como sabíamos agir, e sei que para os enganos do passado, cometidos por pura ignorância, sempre vai caber o perdão, então peço a Deus que nos perdoe.

Resolvi compartilhar essa memória com você, meu amigo leitor, porque sei que essa é uma atitude muito comum quando nos deparamos com a doença. Muita gente quer explicação, quer encontrar culpados para a dor, e segue, sem pensar, pelo caminho mais fácil: julgar, reclamar, brigar...

Se você fez isso com você mesmo, ou com alguém de sua família, trabalhe sua consciência e faça muito Ho'oponopono.

No meu caso, Ho'oponopono para meu pai, e para mim mesma:
- Sinto muito
- Me perdoe
- Te amo
- Sou grato

❊ ❊ ❊

Em meu curso *on-line* "Transformando Relacionamentos com Ho'oponopono", conversei em webinars e por Skype com vários alunos; foram muitas aulas, muitos desabafos e curas, tanto de pessoas doentes quando de pessoas que cuidam de doentes, por isso quero trazer mais um ponto muito importante que aprendi com as pessoas.

O milagre da cura ensina que o cuidador inspira cuidados

Se você cuida de alguém, se estão sob sua responsabilidade os cuidados, o pagamento de tratamento, etc. de outra pessoa, sugiro que você tire um tempo para se cuidar, porque a energia da doença está em sua vida, e; se você não se cuidar, em um momento ou outro vai sentir o peso da função.

Cuidar de alguém é sempre estressante, e normalmente, além do doente, o cuidador terá de cuidar da estrutura à sua volta, pagar contas, cuidar de possíveis empregados, plano de saúde, remédios, comida, moradia, e o acúmulo de contas e compromissos.

Uma história que pode se prolongar por um tempo indeterminado trazendo muitos desafios, inclusive na convivência familiar, pois é bem comum irmãos brigarem, casais se separarem ante a doença. Então, se você está nessa maratona, cuide de si mesmo.

Arrume um jeito de sair para passear de vez em quando, nem que seja ir ao supermercado para comprar itens básicos. O fato é que você precisa de um tempo de vida normal para refazer suas energias, e isso não é egoísmo.

Algumas pessoas ficam tão envolvidas nos cuidados que esquecem de si mesmas, ou sentem culpa em querer ter uma vida normal. Seja qual for sua relação com o doente, ou mesmo um idoso que inspire cuidados, não esqueça de você mesmo.

Nessas horas tão difíceis, algumas pessoas sentem culpa por não querer cuidar do outro. Sentem culpa por não conseguir dar banho em um doente, e para muitas pessoas isso é muito difícil mesmo, exigindo muita doação, humildade e amor de sua parte. Porém, cada caso é único, cada família tem sua dinâmica. O que serve para uns não atende à necessidade de outros, assim não se compare com os conhecidos e não tente agradar a todos, porque isso é impossível.

Minha avó já dizia que cada cabeça tem uma sentença. E hoje esses pensamentos fazem muito sentido para mim.

Encontre seu eixo, sua verdade para o momento, e, se tiver de mudar, adaptar-se de outro jeito, tente outras formas sem culpas.

Esteja em paz com sua consciência. Dentro do possível olhe para seu lado espiritual. Procure receber passes, tomar floral, fazer meditação, terapia.

É importante pedir ajuda, buscar, receber.

Cuide do corpo, da alimentação, arrume um tempinho para fazer ginástica, porque tudo isso ajuda a manter a sanidade.

Você doente, mal-humorado, com raiva da situação não será capaz de cuidar nem de ajudar o outro, nem de tocar sua vida com o respeito que você merece.

O tempo da doença pode ser para muitos um tempo de expiação, mas pode também ser um tempo importante de resgate de relações familiares que teremos de enfrentar.

Se você não vê uma saída, se está pesado, sofrido, Ho'oponopono para aliviar.

Faça a prática do Ho'oponopono para você mesmo e entregue a situação para Deus.

Repita muitas vezes, ou faça de forma mântrica, usando um japamala e repetindo as frases 108 vezes.

- Sinto muito
- Me perdoe
- Te amo
- Sou grato

❈ ❈ ❈

O milagre da cura diz que o mundo precisa de mais amor e menos julgamento

Pode parecer feio, egoísta, pesado, mas é muito natural as pessoas sentirem raiva de quem está doente. Já vi muitos casos assim, alguns mais explícitos em que as pessoas comentaram o assunto, e outros menos transparentes.

Até hoje me sinto mal quando penso que fiquei brava com meu pai, que era uma pessoa linda e que eu amei muito.

Foi difícil perdoar meu pai por ele ter adoecido.

Eu achava que ele poderia ter feito tudo diferente, e não entendia por que ele criou a doença. Afinal ele era tão inteligente, tão espiritualizado...

Por que então ficar doente e depois morrer de repente?

Foi bem difícil aceitar tudo isso, porque achava que a vida deveria ser diferente. Confesso também que levei um tempo importante para aceitar o jeito que o destino se configurou e tirou meu pai de nosso convívio.

Se você por acaso tem uma memória de dor, ou raiva, ou sentimento de abandono em relação a alguém de sua família, Ho'oponopono para esse sentimento.

Aprendi com os mestres que o Ho'oponopono leva espiritualmente o amor até essa pessoa no plano espiritual, e alivia a saudade e qualquer desconforto.

Amor cura!

❀ ❀ ❀

O milagre da cura muitas vezes traz a tempestade

No sentido espiritual, sua alma é muito maior e mais sábia que sua mente consciente. Você é Deus e tem o poder de criar seu próprio destino por meio de suas escolhas.

Porém, quanto mais distante a consciência encarnada estiver da consciência da alma, maior a chance de surgir o sentimento de vítima, e de manifestar algum tipo de doença.

O Ho'oponopono aproxima você de sua alma, conecta à fonte da Luz, seu Eu Sou. E essa conexão liberta de todo o sofrimento.

Quando uma doença aparece, sofre o doente, e muitas vezes sofre a família inteira, porque o normal é viver em uma condição saudável.

Ter saúde é normal.

A doença realmente se assemelha a uma tempestade, quando o Sol é encoberto pelas nuvens e o ar se torna pesado, estranho. Mas é no momento da tempestade, quando tudo parece negro, que importantes limpezas e curas podem acontecer.

Nesse momento de dor, muita gente sente que chegou ao fundo do poço e abre mão das resistências, do ego, da vaidade.

Há então uma entrega ao espiritual, e este é o momento perfeito para dialogar com o divino sem barreiras através do Ho'oponopono.
- Sinto muito
- Me perdoe
- Te amo
- Sou grato

※ ※ ※

O milagre da cura exige pausa para pensar, sentir

A doença por si só é uma pausa na vida. Quando adoecemos, ou alguém de nossa família adoece, entramos em um ponto de espera e observação da vida.

Um momento complicado porque vem carregado de cobranças, medos, angústia, julgamento e, às vezes, revolta quando uma tempestade emocional toma conta da gente.

Lembro perfeitamente que, quando minha mãe adoeceu com câncer, tudo passou a girar em volta dela. Nossa vida foi completamente afetada pela doença, e teve início um período de ajustes e de muito trabalho interior para aceitar a doença, cuidar dela, dar apoio no tratamento e ao mesmo tempo nos manter em equilíbrio.

Como eu e meus irmãos sempre praticamos meditação, e sempre gostamos do lado espiritual, imediatamente compreendemos a importância de nos unirmos e de mantermos a energia elevada, apesar de todas as provações.

Foram muitos exames, cirurgia, quimioterapia, radioterapia, e volta da doença até a morte. Um período negro em nossas vidas, em que tivemos de caminhar com paciência e resignação. Foi um momento também de muito aprendizado no sentido de dar valor ao que de fato tem valor. Momento de relevar um monte de coisas que eram chatas, complicadas, que diante do sofrimento se tornavam pequenas e sem valor.

Almoçar em casa, lavar uma roupa, trabalhar, pode ganhar um brilho especial, quando você perde a paz que a rotina diária nos oferece.

Quando a tempestade da doença toma conta, tudo aquilo em que não prestamos atenção quando estamos bem de repente ganha brilho e valor.

É um jeito chato de evoluir, de abrir a mente para gratidão, mas tem um sentido importante quando reconhecemos o valor da vida, de que não temos controle.

❀ ❀ ❀

O milagre da cura traz consciência

Você é 100% responsável, mas não tem 100% do controle.
Observe a sutil, mas profunda diferença entre esses dois conceitos: assumir a responsabilidade e aceitar que não se tem o controle da vida.

Isso significa que você cria sua realidade, mas não a controla!

As coisas podem acontecer e até nos surpreender, para o bem e também para o mal. E está tudo certo, porque a vida é movimento, e em cada movimento aprendemos algo novo.

No que se refere a uma doença, esse entendimento é ainda mais importante, porque alguém saber que está doente, e entender que de alguma forma causou a doença, pode ser um gatilho direto para a culpa, ou para desencadear raiva. Vamos então tomar cuidado com isso, porque culpa e raiva não curam ninguém.

O milagre da cura pode trazer essa tempestade, pode fazer você olhar para a doença e ficar muito mal, pensando que suas atitudes provocaram esse mal e que agora não está conseguindo desativar sua criação...

Realmente isso é triste.

É triste estar doente, é triste sentir dor, é triste sentir que poderia ou deveria fazer algo diferente.

Nesses momentos, algumas pessoas vão entender que estão chorando sobre o leite derramado, que aquilo que aconteceu, certo ou errado, já aconteceu e nada pode ser feito. De fato, para algumas pessoas esse limite é um fato, mas para muita gente será possível refazer caminhos e encontrar uma cura total, e uma mudança de vida integral.

Assim, seja qual for a situação em que você ou sua família se encontram, invista na cura da alma, porque uma alma curada poderá curar o corpo, a mente e as emoções.

Procure suporte, ajuda, terapia, enfim faça tudo o que estiver a seu alcance para acessar sentimentos e emoções amorosas, assim você tornará sua vida, e de todos à sua volta, muito mais leve, muito melhor.

Invista em sua luz, em seu bem, na prática do Ho'oponopono curando sua vida.

- Sinto muito
- Me perdoe
- Te amo
- Sou grato

❀ ❀ ❀

O milagre da cura deve continuar depois da cura física

Coisas muito lindas acontecem na frequência do Ho'oponopono. Enquanto escrevia este capítulo, atendi uma moça de aproximadamente 40 anos que tinha tido um feroz câncer de mama, mas já estava curada há quase dez anos. Entretanto, quando me contou a história, rica em detalhes, parecia que tudo acontecera há apenas um ano.

Disse ela que desde então mudou completamente a vida, mas que ainda não se encontrava encaixada com sua realidade, porque tudo estava diferente daquilo que ela traçou para si mesma.

Guerreira, tinha trilhado um caminho solitário como médica, sentia-se reconhecida na profissão, porém o câncer tinha roubado seu sonho de infância, que era ter uma família.

O marido enfrentou com ela a descoberta da doença, mas foi embora quando o filho ainda era pequeno, logo depois que ela se recuperou das primeiras cirurgias.

Ela entendia racionalmente o desfecho dramático da separação e que não sentia mais admiração por aquele homem. Ele até foi bom para ela, mas não superou o trauma, e nunca mais mostrou desejo por ela. Como mulher ela se sentiu rejeitada, e de fato foi.

A doença colocou foco em um sentimento de desamor que já existia entre os dois, o que trouxe um conflito, porque, mesmo compreendendo o fim da relação, ela não aceitava ter a família desfeita.

Antes de ter o câncer, estava presa à crença de que podia controlar a vida, de que estava fazendo tudo certo, e que o resultado tinha de ser bom. Nesse sentido o câncer não matou seu corpo, mas matou a esperança de uma vida feliz, matou as ilusões e a ingênua confiança na vida.

Vimos na sessão de vidas passadas que ela carregava memórias de muitas vidas como guerreiro e guerreira, e que, portanto, sabia lutar, conquistar seu lugar ao sol, mesmo com sofrimento. Com isso, o Universo estava em sintonia com a lei da atração e trouxe para sua vida mais lutas, mais histórias de superação, mais dor.

Como você já deve saber, a lei da atração funciona trazendo sempre mais do mesmo, daquilo que você vibra. Se você vibrar dor, estará abrindo a percepção para mais dor.

Lembre-se: a lei da atração traz sempre mais do mesmo!

Como ela acreditava na luta, no sacrifício, na guerra para superação e na necessidade de mostrar valor, a doença trouxe o conflito como palco de experiência.

Quero salientar que tudo isso faz parte de memórias do subconsciente, de energias presas no astral que precisam ser libertadas.

Foi exatamente por isso que me apaixonei pelo Ho'oponopono.

Vi nessa técnica de perdão dos mestres kahunas, traduzido pela mestra do Ho'oponopono moderno Morrnah Simeona, a possibilidade de libertar pessoas boas, fortes, bem-intencionadas, que estavam nesta vida repetindo padrões de sofrimento.

Sugeri a prática do Ho'oponopono para Augusta fazer para si mesma e para sua cura integral.

Fiz Ho'oponopono para ela durante toda a sessão, explicando que não precisava ser tão dura ao explicar esses fatos, e que dentro do possível seria ótimo pedir para o Criador ajudar a esquecer os detalhes, apagar as cenas, limpar as dores e lágrimas, porque ela estava viva e poderia viver de outro jeito.

O milagre da cura pode permitir que você viva algo diferente. O milagre da cura pode trazer a bonança que vem depois da tempestade, acredite nisso.

Como ensinam os mestres: "O mal serve ao bem".

❁ ❁ ❁

Para acessar o milagre da cura você deve assumir seus sentimentos

Vivemos em um tempo em que parece até proibido dizer: "Estou triste". Amigo leitor, você tem o direito de ficar triste, sim!

Tem o direito de viver suas sombras, de ficar introspectivo e de errar, e você é 100% responsável por isso também.

Se por acaso escolher viver suas dores, apenas tome o cuidado de não ficar nessa frequência para sempre. E não entre na ilusão de que precisa fazer tudo perfeito para sair da dor, ou de que a vida precisa ser perfeita para trazer algo bom para motivá-lo a seguir em frente.

Deixe um pouco as exigências e o perfeccionismo de lado.

A felicidade exige fluidez e aceitação.

Compreenda que alegria não é euforia.

Alegria pode vir com paz no coração, mesmo em um ambiente meio complicado.

Não fantasie estar sempre alegre, você não precisa disso.

O que seria de nós se vivêssemos em um estado contínuo de euforia ou de faz de conta de que somos felizes, quando carregamos sentimentos negativos, tristeza, etc.?

Precisamos assumir nossos direitos, inclusive o de não vivermos o tempo todo buscando a glória e o sucesso...

Outro ponto importante é que mesmo as sombras têm uma função.

Na evolução espiritual, descobrimos que só podemos valorizar a vida de verdade quando tivermos a consciência de cada momento que vivemos – os bons e os ruins.

Quando você sentir raiva, observe o que esse sentimento mobiliza em você.

Sim, a raiva existe, e todo mundo sente. Em um momento ou outro você já sentiu.

Observe também que nem toda raiva causará doença imediatamente.

Às vezes é muito saudável brigar com alguém e até colocar limites em situações bem desagradáveis.

Dizer "não" pode ser a atitude mais espiritual que você pode ter com algumas pessoas.

Para não adoecer, por favor, aprenda a dizer "não"!

❀ ❀ ❀

O milagre da cura exige honestidade

Boas pessoas sentem raiva.

Você pode ser uma pessoa ótima e sentir raiva, apenas fique atento ao tempo que demora sentindo raiva.

Outro ponto importante é não misturar as situações quando sentir raiva. Tente manter a mente o mais clara possível na hora da raiva, e não desenterre coisas do passado nessas horas de estresse. Também não se dê o direito de estragar outras coisas de seu caminho porque está bravo.

Não seja agressivo com pessoas que não têm nada a ver com seu momento. E, mesmo com aquelas que estiverem conectadas a esse mau momento, não estrague tudo.

Não perca a razão tendo atitudes que vão causar arrependimento depois, e não estrague sua vida vibrando negativamente sempre.

Raiva saudável acontece em um episódio.

Você solta, expressa como der seu sentimento, que pode causar uma briga, etc., mas depois aquela conexão negativa tem de passar.

Se não passar, se se tornar algo continuado, então, cuidado, porque aí nesse ponto existe algo importante que deve ser tratado adequadamente.

O Ho'oponopono ensina você a estar constantemente conectado com o agora e, com isso, as sombras das dores e raivas do que já aconteceu deixam de ter o poder de fazê-lo infeliz.

Aceite sua raiva, a tristeza e o fracasso. Essa é a melhor forma de superar e resolver a questão.

Faça muito Ho'oponopono para limpar a fonte dos maus sentimentos, porque o Universo funciona conectando coisas e pessoas. E deve haver um sentido maior de você estar passando por uma desavença.

De alguma forma, se você entrou nesse circuito, lembre-se de que você tem poder, e da mesma forma que entrou poderá sair!

As práticas espirituais renovam suas energias, e com isso você pode mudar sua vibração e sair dessa situação.

Percebe como é importante reconhecer seu poder?

Precisamos nos desapegar daquilo que nos faz sofrer.

Desapego, pense nisso.

Precisamos soltar a dor.

Deixar de querer coisas, deixar de querer agradar pessoas e contemporizar situações que não dependem de nós.

Lembra que cada um tem suas escolhas?

As pessoas são livres.

Se sua mãe, ou seu marido, filho, magoou você, não pense que foi culpa dessa pessoa o fato de você adoecer. Esse raciocínio primitivo da vítima nem sempre é real, porque a vida no plano material sempre é um resgate, e pode ser que o combinado entre vocês tenha sido algo realmente bem pesado e sem amor. Mas o fato é que você adoeceu porque esperava outro comportamento dessa pessoa, e esperava outras coisas de sua vida. Então, para se curar, será preciso mudar sua matriz, a fonte de seu pensamento que está em seu subconsciente.

O Ho'oponopono pode atuar exatamente aí, na alma. Por isso repita com muito amor para si mesmo:

- Sinto muito
- Me perdoe
- Te amo
- Sou grato

�֍ �֍ ✲

O milagre da cura cria conexão com a saúde

A conexão com o Ho'oponopono e aos ensinamentos dos mestres kahunas ensina que tudo começa em nós, e, se estamos doentes, ou vendo a doença, de alguma forma estamos nessa energia e temos algo a fazer com ela. Nesse sentido tudo ganha significado, tudo tem um objetivo, até a doença.

Foi nessa sintonia que fui inspirada a criar o Sexto Passo de meu curso *on-line* "Transformando Relacionamentos com Ho'oponopono". Entendi que existe um relacionamento profundo entre nós e a doença, como ensino em meu curso:

Sexto Passo – Doença e cura.

A doença é um choro da alma.

É um pedido de mudança e transformação.

Convido você, meu amigo leitor, a observar neste momento qual a sua relação com a doença. Você está doente?

Tem alguém de sua família doente?

Tem medo de adoecer?

Que tipo de pensamentos e sentimentos a doença desperta em você?

Quando estabelecemos um diálogo com o mundo à nossa volta, no caso a doença, vamos ganhando um incrível poder de mudar os rumos.

Um dos pontos que normalmente acompanham a doença é o medo da morte. Um medo tão intenso que a maioria das pessoas não fala sobre isso.

Todos sabemos que vamos morrer, mas a morte para muitos parece castigo e a doença, parceira das sombras. Então quando a situação de doença ou morte acontece, o tabu toma conta, e poucos conseguem lidar com o assunto de uma forma um pouco mais leve.

Conheço pessoas que se recusam a ir a um velório e têm dificuldades inclusive de visitar alguém no hospital. O que é muito triste, porque as pessoas envolvidas nesses momentos estão sofrendo e precisam de ajuda, suporte, carinho. Dentro do possível, vamos superar nossos limites e oferecer amor a quem precisa.

❀ ❀ ❀

O milagre da cura limpa a tempestade emocional

Quando observo as perguntas que fiz anteriormente, e respondo a mim mesma, percebo que minha doença sempre foi emocional.

Já fui muito ansiosa, angustiada, com medo dos resultados.

Já sofri com medo do futuro, com a falta de clareza diante dos caminhos a seguir. Já sofri também buscando aceitação das pessoas, fazendo tudo para ser querida, amada, valorizada. Hoje estou muito melhor, entendi muita coisa com Ho'oponopono e pratiquei muitas curas, e recebi muitas bênçãos também.

Nem todas as curas foram racionais, e não encontrei respostas objetivas para algumas questões que trouxe comigo, mas garanto que estou muito mais aliviada da carga emocional.

Ho'oponopono faz grandes milagres. Tente você também:
- Sinto muito
- Me perdoe
- Te amo
- Sou grato

O milagre da cura atua nas doenças emocionais

Doenças emocionais devem ser respeitadas.

Ao longo de meu caminho como terapeuta, aprendi a respeitar muito as doenças emocionais, e sei que nem sempre essas doenças se mostram com clareza. Percebi que é fácil ter respeito, carinho, cuidado com alguém que tem um câncer, ou está sofrendo da coluna, ou sofre um mal temporário, como um pé quebrado, mas como reconhecer a dor profunda de uma doença afetiva?

Como reconhecer alguém que sofre de uma autocobrança constante que tira o brilho da vida?

Como compreender e ter empatia por alguém que sofre de falta de autoestima?

Claro que todos nós compreendemos, respeitamos doenças mais aparentes, como depressão, síndrome do pânico, esquizofrenia, etc., mas mesmo doenças emocionais sérias nem sempre são explícitas, nem sempre se mostram claramente, nem sempre são tratadas ou medicadas. Então, muitas questões afetivas, que são dolorosas e tiram a luz daqueles que sofrem, são negligenciadas.

Levar um fora, terminar o casamento, sofrer com o desemprego ou a traição pode levar alguém a adoecer de verdade.

São doenças reais, que podem não ter um título, mas que precisam ser tratadas, reconhecidas e cuidadas.

Como sempre falo para meus clientes e alunos, sou a favor de todos os tipos de terapia e de ajuda. Sinta em seu coração como pode ser a ajuda que você precisa e vá atrás.

Ho'oponopono para essas doenças é um incrível remédio. Pode não curar na hora, até porque antes da doença afetiva, emocional, se mostrar, quase sempre existia uma questão mais complexa. Então o caminho de cura é praticar, sem pressa, sem expectativas de que no dia seguinte tudo esteja diferente. Aliás, pode acontecer de piorar antes de melhorar, como em qualquer tratamento.

Lembre-se de que a cura espiritual tem um tempo e precisa de ajustes.

Se um mal assim está acontecendo com você, coragem, amigo.

Continue investigando as causas e limpando a dor, e pratique Ho'oponopono dando ao milagre da cura o tempo necessário para sua atuação.

❀ ❀ ❀

Ative o milagre da cura do Ho'oponopono

Pratique Ho'oponopono para a dor.

Quero ensinar uma prática muito simples, mas que pode ajudar muito.

Quando você sentir uma dor, seja um mau jeito que você deu no pé, uma cólica menstrual, uma dor de cabeça, um corte, ou algo mais sério, use o Ho'oponopono para tratar essa dor.

Coloque as mãos no lugar da dor, ou em um ponto no seu corpo que simbolize a dor, e repita:
- Sinto muito
- Me perdoe
- Te amo
- Sou grato

Ative em você o poder da cura e faça Ho'oponopono para diminuir a dor.

Repita sem parar. Entregue sua mente, seu corpo, suas emoções para a cura.

Sempre que sentir dor, sempre que lembrar, entre novamente na frequência.

Isso vai ajudar muito.

Uso da água solarizada azul

Em um recipiente de vidro azul, coloque água filtrada.

Não use garrafa plástica, porque pode fazer mal para sua saúde.
Segure a garrafa nas mãos, repita as frases do Ho'oponopono:
- Sinto muito
- Me perdoe
- Te amo
- Sou grato

Você pode também escrever as frases e colar no fundo da garrafa.

Deixe no Sol por, no mínimo, duas horas e use para beber, preparar a comida.

Essa água energizada tem poderes curativos.

❀ ❀ ❀

O milagre da cura acontece pela expansão da consciência

Aprendi que as palavras dos mestres ascensionados, com a prática do Ho'oponopono, fazem incríveis milagres. Agradeço muito poder estar nessa sintonia, sentir o amor deles vibrar em forma de sabedoria, e aqui compartilho com você mais uma linda canalização:

Para que a cura aconteça
Canalização Mãe Maria, 7/9/2016

Para que a cura aconteça, é preciso que vocês deem a permissão.

Muitas pessoas, quando sofrem de alguma doença, desejam a cura.

Mas muitas dessas pessoas que estão doentes interiormente, quando pedem a cura, sabem que não serão atendidas.

Algumas, por conta dessa percepção, nem se dão ao trabalho de pedir a cura, porque elas se veem bloqueadas. Como se na frente delas existisse um grande muro e que de antemão soubessem que não poderiam transpor esse muro, nem derrubar, nem ser içadas com a ajuda de alguém, nem ver além da construção desse muro de uma escada.

Dentro da pessoa ela vê o muro, ela vê a limitação, ela vê aquela condição que não vai superar e, se é assim que essa pessoa sente, se é assim que ela vê a própria vida, nesse ponto não há muito o que possa ser feito, porque seu olhar determina o resultado.

Então, quando vocês estão na vida com alguma sensação incerta sobre o futuro, sobre a saúde, a pobreza e a riqueza ou a doença, seja o que for, e vocês sentem os olhos embaçados sem uma compreensão, quando vocês sentem o peito confuso, uma sensação de aperto, observem, meus amados, isso não é tão ruim, porque vocês não têm uma visão definitiva dos fatos, porque os fatos ainda não chegaram ao ponto final.

Quando o destino está obscuro, quando o caminho está oculto por uma névoa, não significa que o caminho é ruim, não significa que o caminho nebuloso é algo ruim. Nesse momento é a hora de você atear fora de luz na esperança e criar hoje a força que você usará amanhã, e essa força está nas orações. As orações mântricas, orações repetitivas, elas têm o poder de mudar o presente e o futuro.

Quando você mergulha profundamente na oração, quando fala as palavras mântricas da oração, fazendo seu pedido inicial de transformação de limpeza, de curas, de oportunidades, de amor, seja o que for de bom que você pedir, e aí você entra com o instrumento mântrico do poder da palavra em oração, você está mudando seu destino, está tirando a névoa obscura do dia de amanhã e projetando no dia de amanhã algo bom, algo feliz, algo que trará a você a felicidade que você deseja. Porque, quando você ora profundamente, você começa a ser feliz hoje, mas queremos que vocês saibam que existem etapas na oração.

E eu vou explicar:

A primeira etapa é você se assentar na oração, é você conseguir aquietar seu coração na oração, é você estar presente na oração, e essa etapa inicial pode demorar muito tempo ou alguns minutos. Isso depende de pessoa para pessoa, depende do treino que você já tem. Quando falamos aquietar, não é apenas encontrar o conforto do corpo, mas encontrar o conforto da mente que silencia.

Então o primeiro passo é o silêncio interior e deixar que vibre em você e com você apenas sua oração. Sem pedir nada, sem pensar em nada, sem desejar nada. Apenas o mergulho da paz.

O segundo passo é observar o que vem para você. Pode ser que venham desconfortos, pode ser que venham medos, pode ser que venham ansiedades, coisas em relação ao seu presente, projeções que venham do futuro. Medo do futuro, incertezas, existe esse passo obscuro nas orações que também deve ser superado. Nessa hora você ativa dentro de você a força do observador, então observe as coisas, observe suas próprias reações e nesse momento alguns já desistem, porque imaginam que a oração deve ser rápida, e as respostas devem ser rápidas, e a vida deve mudar rápido. Quando isso não acontece, as pessoas se soltam, desanimam, vão embora, encontram outras formas de viver e deixam de experimentar o próximo momento, e o próximo estágio na oração é o estágio de paz, o momento em que você começa a sentir os frutos de seu compromisso.

Amados, oração é compromisso. Um compromisso com você, com sua saúde emocional, com a saúde de seu coração, com a saúde de sua mente, com seu bem-estar; e, quando você chega a esse estágio, você começa a olhar sua vida com mais paz, mais tranquilidade, mais serenidade, mais sabedoria.

E a partir desse terceiro estágio você pode ser provado. Pode ser que venham histórias, pessoas, situações que o desafiem um pouco mais, mas simplesmente porque você está avançando em sua cura e está mudando de nível. Você esta indo para a frente. Na escada da vida, você está dando mais um passo.

Na visão do futuro, você está descortinando a névoa; no caminho da ascensão, você está mais próximo de Deus e da força do Criador. Compreendem o caminho? Compreendem quanto sua determinação nos primeiros passos é fundamental para colher os frutos?

A saúde do corpo é um reflexo também da saúde mental, e esse trabalho de evolução é um trabalho interior, é você com você. Por isso que nós, Mestres, temos a nosso serviço a juventude eterna, porque estamos vibrando no patamar da consciência, onde a oração não é um exercício, mas uma conduta natural e um hábito. É um estágio de consciência, onde nós não estamos presos aos ditames da matéria. E o homem foi criado para alcançar essa consciência também em seu corpo físico.

Essa consciência cheia de força, de luz e de equilíbrio. E a saúde é o resultado de tudo isso. Nossa presença cura, porque nós vibramos profundamente o sentimento de amor; nossa palavra cura, porque no momento em que falamos com vocês e no momento em que vocês permitem que acessemos seu coração, as curas são feitas em um nível profundo de seu ser. E aí, como Mestres a serviço do Criador, mergulhamos no coração de vocês e fazemos a conexão entre vocês e o Pai.

Eu sou Maria e vibro meu sentimento de profundo amor.

Meu sentimento de profunda aceitação por cada um de vocês. Eu aceito você como você é. E, quando o pai nos ensinou essa palavra de poder, ele estava dizendo: Eu aceito a luz do seu Eu Sou. Eu aceito a força crística do seu coração, eu aceito que você é luz, eu aceito a luz do Eu Sou. E é isso que eu digo para você agora. Eu aceito a luz do seu Eu Sou.

E essa luz é sua cura. Essa luz é sua eterna prosperidade; essa luz é seu espírito imortal e é a fonte de toda a força que você precisa viver neste mundo e em todos os mundos.

Neste momento, amados, olhem para seu coração, visualizem no centro do coração uma grande luz, que toma conta de todo o seu ser curando todo o seu corpo, curando sua mente, curando suas emoções, e digam para si mesmos:

Eu sou o que eu sou,
Eu sou o que eu sou,
Eu sou o que eu sou,
Eu sou o que eu sou,
Eu sou o que eu sou.

❃ ❃ ❃

Depoimento

Olá, sou Claudia Helena Manzi, tenho 54 anos, casada, duas filhas adultas e lindas, moro em Americana, interior de São Paulo. Conheci Maria Silvia em 2016, quando estava passando por um momento muito delicado em minha vida. Tenho uma doença autoimune que atingiu meus olhos e acabei perdendo quase por completo a visão, com isso entrei em um processo de depressão muito grande.

Foi nesse processo que conheci MS e junto o Ho'oponopono, que me ajudou a sair de toda aquela situação angustiante e a me abrir para outra realidade, aceitando e modificando minha maneira de perceber minhas limitações. Passei por sete cirurgias depois que conheci MS, muitas delas sem resultado, e a visão ficando cada vez mais precária... mas as meditações, canalizações, cursos, as *lives* e, principalmente, o Ho'oponopono me davam suporte para continuar seguindo a vida com mais leveza e alegria. Sou eternamente agradecida ao Universo por ter colocado a MS na minha vida; foram muitos ensinamentos, muitas pessoas maravilhosas que conheci por meio da MS e do Ho'oponopono.

- Sinto muito
- Me perdoe
- Te amo
- Sou grato

❀ ❀ ❀

Depoimento

Meu nome é Andressa Doro, tenho 38 anos, sou terapeuta integrativa e moro em São Paulo, capital.

Conheci a Maria Silvia há alguns anos, em um momento difícil e desafiador de minha vida.

Como o Universo é muito mais sábio do que nossa mente consegue alcançar, fui encaminhada até a Maria Silvia poucos dias antes de descobrir um câncer.

Nela eu encontrei, além de uma terapeuta dedicada e competente, um porto seguro, que com carinho e dedicação me apresentou o Ho'oponopono a partir de uma visão que eu ainda não havia acessado.

Foi algo mágico e revelador, extremamente importante no momento em que eu me encontrava.

Com o Ho'oponopono, fui limpando mágoas e dores que caminhavam comigo e que até aquele momento ocupavam um lugar de total inconsciência dentro de mim.

Essa ferramenta de cura e amor também me permitiu limpar memórias de dor em relações que só demandavam perdão e cuidado, mas que ainda me mantinham presa em um espaço de vitimismo e sofrimento.

Ouso dizer que meu processo de cura foi muito mais profundo do que meu corpo físico conseguiria atingir e mesmo compreender. Ao final do caminho, a cura que a consciência do Ho'oponopono me trouxe foi infinitamente maior do que células regeneradas. Eu aceitei morrer em vida para renascer a partir de um espaço de muito mais consciência e expansão.

Alguns me perguntam se minha gratidão só existe porque houve a cura do corpo físico, sem sequer entender em quantos níveis conscienciais essa cura reverberou.

Quando se atravessa um processo de doença tão grave e que a leva ao limiar da morte, você repensa toda a sua história e, a partir desse espaço, escolhe qual vida deseja viver. Não existe cura física se nossos corpos energéticos não se regeneram, e isso só ocorre quando se abre mão de toda e qualquer consideração, vitimismo, razões e pontos de vista que insistimos em carregar; e nesse lugar colocamos amor, perdão, aceitação e entrega.

E foi isso o que eu aprendi com o Ho'oponopono.

Não é preciso ter razão nenhuma na vida. Só é preciso sentir, perceber, estar desperto para os valores que realmente agregam em sua vida e em seu caminho. Não existe cura maior do que amar, sem julgar, aos outros e principalmente a si mesmo.

Atualmente, como terapeuta, aplico nas sessões de consciência que desenvolvo diversos fundamentos dessa técnica de cura e vejo cada vez mais clientes e amigos limpando suas memórias de dor, trabalhando sua consciência e transformando suas histórias de sofrimento em aprendizado e amor.

Sou grata a Maria Silvia por ter me ensinado o caminho da cura e do amor e, com isso, me permitido ser contribuição ao mundo. A ela todo o meu agradecimento e amor.

Andressa Doro, 38 anos, casada, mãe do Miguel, terapeuta integrativa em São Paulo, capital.

❀ ❀ ❀

Meu nome é Adriana Barreto, tenho 46 anos, sou natural de Ourinhos, São Paulo, e moro em Curitiba.

Conheci Maria Silvia Orlovas há mais ou menos sete anos; sem querer cliquei em um dos seus vídeos pelo Facebook e me caiu como uma luva.

De lá para cá virei sua seguidora.

Era uma época conturbada da vida, vivia uma separação complicada, estava bebendo muito e até, eventualmente, usando drogas.

Os *lives* me motivaram a sair dessa, procurei um retiro, fiquei seis dias em silêncio, depois disso resolvi vender tudo e mudar até de cidade.

Foi nessa mudança que comecei a fazer o Ho'oponopono com mais empenho. Essa prática foi realmente o suporte para minha mudança de vida e, claro, os *lives* da MS.

Trabalhei em diversas coisas, até que voltei a fazer o que sinto ser meu propósito de vida: acessórios, japamalas e peças de proteção.

Tudo isso devo às mudanças que o Ho'oponopono gradualmente traz até mim.

Há dois anos eu resolvi falar com ela. Nunca imaginei que a MS fosse ser tão acessível, já que pra mim era famosa e importante, mas ela foi muito amorosa. Mandei um japamala para ela de presente e de lá para cá nos tornamos próximas, amigas; sou aluna dela e muito grata por tanto amor que encontro em seu apoio, nos conselhos e pela prática amorosa do Ho'oponopono que transforma a vida de tantas pessoas.

Hoje sou uma pessoa mais tranquila, feliz e voltada para meu crescimento espiritual, e Maria Silvia Orlovas faz parte desse processo.

Sou muito grata!

Sou Adriana Barreto, a "Fulana de Tal", que vende japamalas com muito amor, muita luz e muito significado espiritual.

Capítulo 8

O milagre da abundância

Quando você se descobre rico, filho de Deus.
Dinheiro – trabalho.

*O milagre da abundância é aquela chuva fininha que cai do céu na hora certa, que abençoa a terra fazendo torrões secos se transformarem em poderosos nutrientes que se infiltram nas cascas das sementes
que farão brotar árvores.
O milagre da abundância chega suave, respeita ciclos, espalha bênçãos, traz riqueza àqueles que sabiamente cultivaram a terra
e souberam esperar.
O milagre da abundância na vida humana exige paciência em esperar o tempo certo, perseverança em continuar com o trabalho,
estudos, dedicação, mesmo quando o retorno não aparece
rapidamente, e confiança que a providência divina está nos cuidando.*

Acho que todos nós, de tempos em tempos, visitamos o tema prosperidade, abundância e escassez.

Se você tem mais de 20 anos, com certeza já visitou ciclos de abundância e escassez com o dinheiro, e normalmente trata-se de um processo doloroso.

O fato é que a gente quer sempre estar feliz, poder realizar mil coisas bacanas, sem experimentar a frustração, porém em um planeta regido pela dualidade, começando por nós homens e mulheres, visitado todos os dias pela alternância da vibração do claro e do escuro, do dia e da noite, do calor e do frio, do seco e do úmido, isso é impossível.

Na Terra não existem apenas momentos de felicidade e realização onde somente o bem se manifeste.

Quem está encarnado aqui neste lindo planeta azul viverá a dualidade desde o dia de seu nascimento até o momento de sua passagem para o plano espiritual. Então é de bom senso aprendermos a lidar com as incertezas.

❦ ❦ ❦

Você é o rei de seu mundo
Canalização Saint Germain - Chama Violeta 17/1/2019

Você é o rei de seu mundo, seja um bom rei.

Os reis, muitas vezes, gostariam de deixar de ser reis para viver como uma pessoa normal, com uma vida mais fácil, sem tantas obrigações, sem tantos compromissos.

Mas, ainda que esse pensamento possa flutuar e vir à cabeça de um rei, ele nunca deixará de ser rei. Porque ali é seu mundo, ali é sua vida, ali é sua obra, ali é seu caminho.

Quanto mais tempo você deixar que os outros dirijam sua vida, que os outros sejam responsabilizados por sua tristeza, por sua dor ou por seu sucesso, mais distante você estará da liberdade espiritual. Ser rei de seu mundo significa assumir a responsabilidade de, todos os dias, fazer escolhas.

Ser rei de seu mundo significa trabalhar duramente por seus propósitos, comprometido com sua fé, comprometido com seus objetivos, mas sem sofrer.

Porque, quando você assume seu compromisso, o sofrimento deixa de existir.

O sofrimento é um estado entre duas situações: você sofre pelo futuro, você sofre pelo passado. Você sofre pelos desejos, você sofre pelo que foi, você sofre pelo que gostaria que tivesse acontecido.

Quando você assume seu presente, seu real momento, você deixa de sofrer, porque você passa a agir.

E esse é o momento do rei: quando o rei deixa de pensar que gostaria que outras pessoas fizessem o trabalho duro, quando o rei deixa de pensar que queria ser um simples mortal e andar por aí sem rumos e assume sua função de rei, ele deixa de sofrer. Deixa de se gastar em ambição. Deixa de se perder com ideias que não sejam aquelas abençoadas por sua escolha, por sua alma.

Você é o rei de seu mundo.

Você carrega seu manto sagrado, você é capaz de olhar seu mundo, você é capaz de fazer suas escolhas, você é capaz de seguir em frente.

Não tema.

Seu mundo é o lugar perfeito para você viver.

Seu mundo é onde você assumiu seu poder, onde você faz suas curas, onde você é mais você.

Onde você não precisa agradar a ninguém, senão a si mesmo.

Onde o maior amor que você tem é por você mesmo.

Porque, quando você se ama, os outros naturalmente receberão seu amor; fortaleça-se em seu amor, fortaleça-se em sua luz, busque sua integridade, assuma seu reinado.

Vocês são reis e rainhas de seu mundo!

Assumir seu poder pessoal é o primeiro passo da libertação.

Nós esperamos por isso.

Nós esperamos que cada homem, que cada mulher, assuma o poder de seu Eu Sou. Assumindo seu poder, sua vida se transforma.

Nesse momento, olhe para a sua vida, para o momento que você vive: seu trabalho, sua casa, sua família, seu propósito de vida desse momento.

E veja em cada parte de sua vida o seu melhor acontecendo: família em harmonia, amor em harmonia, negócios, trabalho em harmonia, relacionamentos em harmonia, saúde em harmonia, felicidade em abundância, prosperidade, saúde, beleza, paz.

Esse é seu manto, essa é sua coroa, esse é seu cetro, esse é seu poder!

E eu sou Saint Germain, colocando toda essa força, essa luz, esse poder e essa glória em suas mãos.

Você está a seu próprio serviço.

Aquilo que você pensa, manifesta-se.

Aquilo que você sente, prospera e vibra em sua vida.

Aquilo que você teme, e de que tenta fugir, está em seus pensamentos e deve ser tratado e curado.

Porque aquilo que você pensa é o que se manifesta.

Escolha o que pensar.

Vista o manto do grande rei, da grande rainha.

Nesse momento, veja a coroa em sua cabeça: uma coroa de luz, de amor, de poder pessoal, e deixe essa coroa se assentar em você.

Assuma seu poder, sua saúde, sua glória.

Porque é assim que deve ser, e assim será!

Recebam minhas bênçãos e minha luz e sigam com esse trabalho abençoado de levar o conhecimento, de levar a Divina Presença Eu Sou e o despertar a milhares de almas.

A espiritualidade está tomando conta, vocês não têm o que temer quando vivem o grande Deus, o grande rei do coração.

Bênçãos e luz, sigam em paz!

⚜ ⚜ ⚜

Um pouco de meu milagre da abundância

Há uns meses, testando em mim as curas milagrosas do Ho'oponopono, comecei a me trabalhar no sentido de limpar minhas crenças limitantes sobre o medo da escassez, e o desejo da abundância, que descobri serem as principais travas para nossa evolução e a conquista de uma vida plena, feliz e próspera.

O fato é que comecei, com todo afinco, me limpar de memórias de escassez. Algumas dessas memórias vinham de minha infância e adolescência, quando meu pai, na busca de uma vida melhor, investiu um dinheiro importante na bolsa de valores e perdeu tudo, inclusive a casa em que morávamos.

Foi um período terrível, com muitas brigas, discussões e restrições.

Vi nossa vida se transformar para pior, pois, antes de isso acontecer, minha casa era alegre; meu pai, filho de italianos, costumava cantar árias de ópera e conversar animadamente sobre filosofia. Era um ambiente leve com muitos parentes sentados à mesa desfrutando de nossa fartura, que se transformou, de uma hora para outra, em um lugar triste onde o silêncio era rompido por brigas e conversas tensas.

Gostaria de esquecer tudo isso, mas o fato é que guardei no subconsciente as mágoas da época, o que foi muito ruim.

Graças a um trabalho íntimo, voltado à cura com o Ho'oponopono, estou neste momento narrando sem dor, o que é uma grande vitória. Compartilho com você, amigo leitor, na busca de inspirá-lo a investir em sua cura, caso esteja enfrentando algo semelhante.

Foram meses fazendo Ho'oponopono 108 vezes mantricamente com o japamala.

Devemos começar conosco, como eu ensino em meu curso "Transformando Relacionamentos com Ho'oponopono", porque tudo começa em nós; mas vamos lembrar que existem muitos aprendizados importantes no relacionamento com o dinheiro. Dinheiro é poder, oportunidades, expansão, vida, e nós somos a fonte do milagre.

Fui repetindo as frases usando o japamala – rosário de 108 contas –, para mim mesma de olhos fechados, todos os dias de manhã e à noite pedindo o milagre.

O milagre da abundância e o abençoado Ho'oponopono

- Sinto muito
- Me perdoe
- Te amo
- Sou grato

Se você se identificou com o que estou ensinando, observe como fiz e continuo fazendo Ho'oponopono de forma mântrica com o japamala:

Seguro meu japamala nas mãos e peço ao criador que me limpe, cure-me e abra meus caminhos.

Repito para mim mesma o mesmo pensamento e afirmações.

Falo comigo mesma:

MS (meu nome), sinto muito por ter me colocado nessa situação.

Sinto muito por isso.

Sinto muito por ter vivido a escassez.

Sinto muito por carregar essas memórias.

Sinto muito pela dor dessas memórias.

MS (meu nome), me perdoe por isso.

Me perdoe por ter sofrido tanto.

Me perdoe por não ter tido oportunidade de fazer coisas bacanas na adolescência porque não tinha dinheiro.

Me perdoe por ter passado por tantas privações.

MS, te amo. Te amo, te amo, te amo.

Você é linda, você é forte, você superou tudo isso.

Te amo por você ter aprendido as lições importantes.
Te amo por você ter se liberado das dores.
Te amo por você ter se libertado da escassez.
Te amo por você ser a guerreira que você é, e ter encontrado caminhos para realizar coisas incríveis.

MS, obrigada, obrigada por ter um olhar amoroso por suas experiências.

Obrigada por ter conquistado um lugar bom.

Obrigada por ter perdoado as pessoas, seus pais, suas famílias e todos os envolvidos naquele período triste.

Obrigada, Deus, pelas oportunidades de superação.

Obrigada, obrigada, obrigada.

Recomendo que você faça uma prática semelhante todos os dias.

Comece pela oração. Se você gostou de minha sugestão, pode usá-la, pode gravar em seu celular com seu nome. O importante é a frequência e a continuidade.

Fazer todos os dias é fundamental para mudar suas crenças.

Em seguida pegue seu japamala abençoado e repita as frases do Ho'oponopono 108 vezes.

Seu dia vai começar melhor e sua vida vai mudar para melhor. Pode acreditar.

❀ ❀ ❀

O milagre da abundância vem quando você é leve

Se você quiser ser próspero, será preciso se abrir para a vida e para os relacionamentos.

Saiba que em você existe um relacionamento que pode ser bom ou mau, inclusive com o dinheiro.

Será o dinheiro seu mestre?

Ou será você que está no comando e escolhe como vai usar seu dinheiro?

Claro que aqueles que não são supermilionários trabalham para ganhar dinheiro, para suprir suas necessidades, e também para usufruir de coisas boas. E não há nada de errado nisso. Aliás, está tudo certo.

O inverso, no entanto, é perigoso, quando uma pessoa trabalha para acumular e não sabe ver e atuar compartilhando com os outros, inclusive esposa, filhos, familiares. Quem pensa e age de forma egoísta, em um momento ou outro terá de pagar a conta do não compartilhar. Tenho de dizer que eu não gostaria de ver isso acontecer, porém vi ao longo de minha vida como terapeuta, atendendo em consultório, e ouvindo muitas histórias de pessoas ricas que se sentem pobres por conta da falta da consciência. Posso dizer que o dinheiro não significa nada para pessoas que não sabem cultivar laços familiares e amizades verdadeiras.

Conheci ricos muito tristes, e pobres que nunca se sentiram limitados, porque tinham tudo de que precisavam para manifestar felicidade.

O que me fez refletir que existe uma riqueza no mundo material, e uma forma de ver e usufruir da riqueza que não depende totalmente de ter dinheiro.

Outro ponto importante a observar é que nem sempre o que as pessoas mostram sobre riqueza nas redes sociais é realmente feliz ou verdadeiro.

Você pode ser muito infeliz visitando Paris, a Cidade Luz, ou Nova York com suas monumentais avenidas, porque, se você estiver triste, mal-amado, não será o cenário de filme que trará alegria para seus olhos nem paz para seu coração.

Por outro lado, você pode ser muito feliz viajando para visitar sua família em uma pacata cidade do interior se ali se sentir amado, respeitado, acolhido.

❀ ❀ ❀

O milagre da abundância diz que precisamos respeitar o dinheiro

Dinheiro e felicidade nem sempre caminham juntos.

Mas calma aí em seu julgamento, amigo leitor, alguém pode estar pensando que não gosto ou não preciso de dinheiro, o que não é verdade. Como todo mundo, tenho contas para pagar, e sonhos para realizar, então tenho muito respeito ao dinheiro e à energia que ele carrega, porque dinheiro é poder, é liberdade, e pode trazer muitas coisas boas para nossa vida. Porém, não sou escrava dos desejos.

Os mestres ensinam que é preciso dar valor ao que de fato tem valor.

Outro ponto importante sobre valorização aprendi com uma amiga, professora da cabala e numerologia, que diz que precisamos acolher a matéria para prosperarmos, e desde então dou mais atenção para o dinheiro em espécie que carrego na carteira...

Dinheiro como energia, como poder, como fonte viabilizadora de aprendizados e conquista tem suas regras, e devemos respeitá-las.

Veja, por exemplo, se você tem nojo do dinheiro, se "precisa" lavar as mãos assim que pega no dinheiro, porque aprendeu que dinheiro é sujo quando era criança, devo dizer que aí existe um problema que precisa ser solucionado.

Abordo esse tema tão singelo porque descobri que muita gente ainda pensa assim, e essa é uma trava que deve ser retirada do caminho.

O dinheiro em papel ou moeda deve ser abençoado, tratado com respeito, arrumado em sua carteira para que nunca falte; e, ainda que você use mais cartão de crédito ou débito do que dinheiro em espécie, nunca deixe faltar notas e moedas em sua carteira.

❀ ❀ ❀

O milagre da abundância diz que você é ilimitado

Os mestres da filosofia kahuna, da qual o Ho'oponopono faz parte, ensinam que tudo é energia, e assumir 100% da responsabilidade de nossa vida cria uma realidade divina para vivermos na Terra.

Limpar as dores e mágoas e se soltar do sentimento de vítima da pobreza e limitação é um passo libertador.

Quando você deixa de sofrer pela escassez e começa a limpar memórias ligadas a perdas, roubos, decepções, entendendo que existiam nessas questões resgates cármicos importantes, e aprendizados, naturalmente você vai rompendo obstáculos e aos poucos conquista a função de ser o comandante de sua vida.

Quando isso acontece, você vai exercer a luz dos quatro princípios libertadores da mensagem kahuna, que ensinam:
- Você cria sua própria realidade.
- Você tem aquilo em que você se concentra.

- Você é ilimitado.
- Seu momento de poder é agora.

Respire fundo e leia novamente em voz alta as afirmações citadas, e reflita quanto isso tem a ver com prosperidade, e como podemos mudar a realidade de hoje!

Os kahunas, que eu chamo de pais do Ho'oponopono, o tempo todo nos libertam das crenças limitantes, dizendo que temos o poder de mudar, e que isso acontece no momento presente.

Praticando o Ho'oponopono para si mesmo, você pode mudar sua vida material.

❦ ❦ ❦

O milagre da abundância envolve escolhas

Sétimo Passo: O dinheiro é um limite necessário para aprendermos a dar valor ao que de fato tem valor.

Quando, seguindo uma recomendação espiritual, coloquei esse passo sobre dinheiro em meu curso "Transformando Relacionamentos com Ho'oponopono", foi no intuito de quebrar tabus sobre riqueza, poder, liberdade financeira, realização. Porque muita gente acha que para alcançar um patamar de felicidade na vida será necessário ter muito dinheiro, e fica vibrando no inconsciente coletivo o medo da escassez, e o desejo da abundância, que são poderosas travas para a abundância.

Tenho certeza de que algumas pessoas devem achar muito chata essa história de "aprender a dar valor ao que de fato tem valor", porque isso imediatamente nos faz pensar em escolhas e restrição, e ninguém gosta de restrição.

Aliás, a maioria das pessoas, se puder evitar qualquer tipo de restrição, evitará, porém vamos observar que sem esse amadurecimento de olhar para a restrição, entendendo que ali existe uma escolha importante, e que é uma etapa fundamental da criação de um objetivo a ser realizado, não vamos ter sucesso.

Sem entender a importância da restrição dos desejos, que nos obriga a fazer escolhas saudáveis para nossa caminhada, podemos passar o restante da vida perdidos, confusos, carregando um milhão de desejos insatisfeitos.

Para uma pessoa ter sucesso na vida, alcançar prosperidade e progredir precisa de foco e assumir suas escolhas e posicionamentos. Vai precisar também de determinação para trabalhar, e um mergulho interno para descobrir e potencializar seus talentos, o que é um crescimento lindo.

Veja que de nada adianta cultivar desejos sem base no mundo objetivo.

O milagre da abundância abençoa aqueles que se dedicam

Pessoas bem-sucedidas trabalham para realizar seus sonhos, mas estudam, dedicam-se a se aprimorar naquilo que sentem vocação, conexão ou prazer.

Com certeza um médico bem-sucedido gastou um tempo importante de sua vida estudando, pesquisando, e fez escolhas que exigiram dele preparo e sacrifícios; o mesmo vale para um cozinheiro, uma figurinista, costureira, professor ou mesmo um comerciante, empreiteiro ou alguém que esteja agora trilhando caminhos diferentes, como um trabalho com *marketing* digital, informática, fotografia ou cinema.

Todas as nossas conquistas dependem de criar um foco, de entender quem somos, do que gostamos, e na sequência fazer escolhas que muitas vezes exigem uma série de esforço, estudos, dedicação e sacrifícios.

Temos de estar prontos para o sacrifício.

Não dá para ter tudo, não dá para viver sem limites, porque não é saudável e nada se constrói sem limites e dedicação.

Não basta usar o poder mental, chamar Deus e pedir por milagres, imaginar coisas lindas, pensar em um futuro perfeito com todas as maravilhas que imaginamos, sem se dedicar aos primeiros passos e à construção de muitos outros passos que nos levarão à concretização dos sonhos.

❀ ❀ ❀

O milagre da abundância exige dedicação, mas não transforme isso em peso

Nessa caminhada, vamos aprendendo a grande lição espiritual da vida no que diz respeito aos ganhos materiais: dar valor ao que tem valor. Porque uma pessoa que faz esse percurso ao longo da caminhada aprende escolher o que é bom, o que é importante para ela, em um processo muito natural.

Conheci uma moça que encontrou sucesso como corretora de imóveis de alto padrão depois de ter se formado em psicologia, e está tudo certo, porque, de um jeito aparentemente estranho, ela usava aquilo que aprendeu na faculdade para conversar com os clientes, entender suas demandas, e com isso encontrou seu diferencial.

Então, se você está lendo este texto e pensando que está perdido porque fez várias escolhas erradas e ainda não definiu seu caminho, não se preocupe, porque o tempo e a direção de seu percurso podem mudar ao longo da vida. E esse movimento é bastante comum e saudável, pois nascemos para aprender lições, não exatamente para ficarmos ricos ou famosos...

Muita gente muda de carreira, de vida, de cidade, de casamento até encontrar seu eixo de alegria e prosperidade. Alguns vão descobrir que precisam de muito menos do que achavam que precisavam, outros vão descobrir que coisas diferentes do que imaginaram trazem alegria e contentamento.

Conheço uma moça que era executiva e abriu mão de uma carreira relativamente bem-sucedida para se dedicar à música, que sempre foi sua paixão. Trocou o escritório da multinacional por uma modesta sala com um piano, e está muito feliz com sua agenda. Então não limite sua vida e suas realizações àquilo que você conhece racionalmente como solução.

Deixe o novo agir, deixe as pessoas chegarem, esteja sempre aberto ao conhecimento e pequenas e grandes aventuras.

Lembro-me de que depois da minha primeira viagem para Índia, voltei vendo a vida de uma forma completamente diferente, e isso aconteceu por conta do choque cultural, mas principalmente porque descobri, com aquele povo, que podia viver com muita simplicidade. Isso pode parecer ridículo, porque viajei com dinheiro contado, e quando voltei continuei vivendo dificuldades financeiras, porém ambições materiais que estavam relacionadas ao falso sentimento de segurança de um emprego formal, crenças que carregava comigo desde adolescente, deixaram de ter sentido. Percebi que gostava de terapias, e comecei a estudar e me dedicar de corpo e alma para me formar terapeuta.

Fiz todos os cursos que pude, milhares de leituras, *workshops*, palestras, retiros, simplesmente porque descobri que nesse ambiente minha alma era feliz.

Riqueza para mim tem a ver com contentamento, felicidade, plenitude.

Claro que assumi fazer sacrifícios e deixei de ser consumista, de querer bolsas e roupas caras ou frequentar restaurantes... Mas foram escolhas tão simples.

Quando você compreende seu momento e sente em seu coração o que quer fazer, a vida se abre, e com uma boa dose de humildade todos podem recomeçar.

Nesse sentido de movimento de vida, também conheci pessoas que tentaram a vida alternativa, como terapeutas, artistas, professores, e descobriram que preferiam seguir por uma carreira mais formal e ter um dinheiro certo. Também esse caminho é correto, porque cada pessoa tem seus desafios e o importante é você olhar para si mesmo e pensar no que realmente faz você feliz, sem medo de tentar realizar sonhos.

Você sempre poderá voltar atrás e fazer novas escolhas.

❁ ❁ ❁

O milagre da abundância pode se manifestar com a clareza do pensamento

O Ho'oponopono vai ajudá-lo a clarear o pensamento. Sei que fazer escolhas, assumir certos sacrifícios, traçar objetivos não é fácil, podemos nos perder, podemos errar.

Viver envolve riscos, mas podemos vencer cada etapa. Como tudo começa em nós, minha sugestão é praticar o Ho'oponopono para limpar a mente e trazer direcionamentos claros para manifestarmos a riqueza, abundância, prosperidade.

Você pode pedir esse tipo de ajuda em sua prática.

Você pode pedir para ter clareza, ter direcionamentos corretos, ter ajuda para fazer escolhas, enfim... peça essa luz, depois entre em sua prática:
- Sinto muito
- Me perdoe
- Te amo
- Sou grato

❀ ❀ ❀

O milagre da abundância precisa de um terreno limpo para se manifestar

O que você precisa entender é que, além de rezar e fazer Ho'oponopono, será preciso ter atitudes objetivas em relação à sua vida material.

Cultive um pensamento claro.

Quando se sentir pesado, com pensamentos negativos, invista imediatamente no Ho'oponopono.

Outro ponto importante é ter cuidado com revisitar as memórias negativas. Já vi pessoas que mudaram de vida, de trabalho, de cidade e continuam carregando memórias e dores daquilo que já viveram.

Sei que muitas vezes isso vem de forma compulsiva, e que não se trata de uma escolha pensar nas coisas ruins que você já viveu. Sei que muitas vezes as lembranças ruins simplesmente vêm à mente, então cuidado com isso. Se acontecer com você, entre no Ho'oponopono de forma mântrica e peça limpeza.

É responsabilidade sua fazer cada dia ser mais leve, com mais esperança e felicidade.

Atitudes se formam através de pensamentos, por isso o Ho'oponopono é tão incrível. Quando você vem praticando as frases curativas, vai alcançando um verdadeiro milagre, que é a limpeza da matriz de sua mente.

Uma mente clara e pensamentos claros trarão soluções boas para sua vida.

❀ ❀ ❀

O milagre da abundância pede atitudes

Acredito fortemente no Ho'oponopono, mas sei que precisamos ativar o espiritual, a consciência e a vibração, e depois seguir no mundo objetivo com atitudes, por isso separei alguns pontos que considero importantes para melhorar sua relação com o dinheiro.

Observe o poder de suas palavras.

Boas palavras tornam a vida próspera, feliz ou infeliz, por isso observe o poder da palavra.

Observe as palavras que definem você.

Observe quais as palavras que você mais usa.

Observe como você diz quem você é, ou como você está se sentindo, e transforme sua linguagem em algo positivo. Tipo:

Estou desempregado – Transforme para: estou aberto para o novo, ou estou trilhando novos caminhos...

O Ho'oponopono ensina que as palavras têm poder, e você deve ficar muito atento a isso. Use esse poder a seu favor.

Invista em sua educação financeira.

Invista em aprender com suas experiências na vida.

Não se fixe nos problemas como coisas ruins que aconteceram, pois esse tipo de pensamento reforça a condição de vítima e de algoz.

Olhe para seus aprendizados como aprendizados, e tire lições do que viveu.

Se você ficou endividado ou se perdeu o emprego e não tinha como saldar seus compromissos e isso o marcou, pense na lição que você pode tirar disso tudo.

Tente não gastar mais do que você ganha. Isso parece simples, mas nem sempre é assim que funciona. Muitas vezes as pessoas se perdem nos compromissos que assumem.

É preciso aprender a viver dentro de seu padrão, e dizer não para aquilo que você não puder assumir ou comprar.

Em linhas gerais, não assuma dívidas pesadas e tente simplificar seus gastos.

Guarde parte do que recebe, faça uma poupança, pois tudo isso ajudará a manter sua vida em equilíbrio.

Esteja aberto às lições da vida.

Saia da postura daquele que fez tudo certinho, que se esforçou muito para merecer determinada promoção, reconhecimento, ou mesmo carinho em forma de pagamento.

Às vezes 2+2 não somam 4.

Pode ser que o Universo tenha outros planos para você. Esteja aberto.

Seja flexível. Às vezes não recebemos de um lado e a vida traz do outro, caso você permita.

Busque entender quais as lições deste momento.

O que você tem de aprender?

Livre-se do mau humor.

Mau humor não combina com prosperidade.

Use bem sua energia.

Doe seu tempo livre para algo positivo.

Encontre um espaço para ajudar as pessoas ou trabalhar em uma instituição.

Seja útil.

Quando a gente fica desocupado, pensamentos negativos podem tomar conta, e isso não é legal.

Se por acaso você está desempregado ou buscando uma mudança profissional, enquanto isso não acontece ative energias positivas em você. Não se fixe apenas no que tem de acontecer deixando outras coisas de lado.

Torne seu momento atual muito positivo.

Abra sua energia para o outro.

Envolva-se com pessoas e projetos.

Se está se sentindo limitado, triste com sua história de vida, mude o foco de seu olhar.

Faça coisas diferentes, busque estar em outros ambientes.

Energia nova tem um poder incrível.

Se você está sem dinheiro para fazer passeios pagos, busque agendas alternativas, exposições gratuitas, mergulho no YouTube, vá visitar um amigo, enfim, faça um movimento de expansão e abertura.

❁ ❁ ❁

O milagre da abundância chega de leve nas boas vibrações

Lembre-se de que dinheiro, poder, prosperidade são coisas que caminham juntas.

Caso você esteja se sentindo pobre, sentindo a escassez e desejando se livrar disso logo, provavelmente essa questão deve estar afetando várias outras situações de sua vida, por isso é preciso ficar atento ao que realmente significam a infelicidade e a pobreza para você.

O fato é que, quando estamos bem, quando estamos em harmonia, temos forças, luz para vibrar prosperidade, amor, abundância, porque vibração atrai vibração.

A maioria de nós vive em um ciclo autoalimentado pelo sofrimento, e as coisas vão se misturando de um jeito bem difícil. Se você já despertou para essa questão, minha sugestão de cura é um mergulho real no Ho'oponopono para si mesmo; ainda que o foco seja a prosperidade, o começo de tudo será você amar, perdoar, cuidar de si mesmo.

Melhore sua visão e o mundo se transformará, como ensina a canalização a seguir.

❈ ❈ ❈

SIMPLIFIQUE SUA VIDA
Canalização Mãe Maria, 7/12/2017

Meus amados, nós pedimos simplicidade. Se você quer ser feliz, simplifique sua vida. Simplifique seus desejos, seus anseios, suas necessidades. Quanto menos você precisar de coisas e de pessoas, mais paz você terá em seu coração. Questione suas necessidades, questione suas ambições. Sempre que vier um desejo em seu coração, pergunte:

Para quê?
Por quê?
Onde eu quero chegar com esse desejo?

Liberte seu coração. Liberte suas necessidades. Quanto mais você conseguir viver em liberdade, mais conectado você estará ao seu espiritual e ao sentimento de paz. Não alimente aquilo que tira sua paz. Se você está carente de amor e essa carência rouba sua paz, a sua tranquilidade, não alimente a carência. Acolha a si mesmo. Sua maior missão no plano da Terra, encarnado, é estar bem com você. É estar em paz com seu corpo, é estar em paz com sua mente. É ser um bom administrador de sua própria vida. E, ainda que você tenha seus carmas, compromissos com pessoas, seja modesto até ao carregar e assumir cuidar de outras pessoas. Muitas pessoas acabam assumindo compromissos familiares mais pesados do que podem carregar. Você não é responsável pela felicidade ou tristeza de seu pai ou de sua mãe. Cada pessoa passa pela Terra exatamente aquilo que escolheu viver, aquilo que pode viver. E com gentileza e amor, o que cabe a você é olhar e se libertar. Se o outro é complicado, triste, você deve deixar ao outro a responsabilidade de ser quem ele é. Ainda que as pessoas vibrem por títulos "meu pai", "minha mãe", "meu filho", cada um é filho de Deus. A individualidade, o momento de cada um, deve ser respeitada. E ainda que você seja pai, irmão, filho, lembre-se de que o verdadeiro compromisso na Terra é a irmandade. Todos os seres encarnados são irmãos e irmãs. Cada qual no seu tempo, cada qual em seu momento, cada qual no seu caminho. Se você simplificar seu pensamento, sua vida se tornará mais leve, mais suave, mais feliz. É hora de manifestar a paz. É hora de viver a paz. E essa é uma escolha. Essa é uma atitude que você pode tomar diariamente. Liberte as pessoas fisicamente, não se exigindo estar com quem você não quer estar. Liberte as pessoas energeticamente, deixando de falar da vida dos outros. Liberte as pessoas na vibração, respeitando escolhas, atitudes e movimentos. Ouça mais seu coração. Volte mais a energia para si mesmo. E compreendam, meus amados, isso não é egoísmo. Esse é um movimento de autoconsciência. Quando você olha para você, quando ouve seu coração, você naturalmente se liberta. E sua liberdade é a liberdade do outro. Porque, em muitos relacionamentos, seu estresse, seu nervoso, contamina as outras pessoas; e igualmente as outras pessoas contaminam você. Quando você está em você, em sua paz, praticando sua paz, as situações virão e delas você se libertará. Estamos trabalhando no astral do planeta e ajudando as almas que têm consciência no processo de elevação. A ascensão é uma verdade. A ascensão é um movimento de cura e de libertação. A serviço da energia crística e da elevação da consciência, eu sou Maria. E envio as vibrações de profundo amor e luz. Ativo neste momento a consciência de amor e luz de todas as mulheres e homens presentes. Sejam a manifestação do Divino. Tocamos neste momento cada coração. Para que os corações se encham de luz e de esperança. Vibrem em paz, sigam em paz!

❁ ❁ ❁

Depoimento

Meu nome é Patrícia Lima, tenho 45 anos e moro em São Paulo, capital. Sou publicitária e hoje trabalho como *designer* gráfico e com *marketing* digital.

Conheci a MS no crossfit, nunca imaginei que de um papo ou outro após o treino iria ter a solução para resolver tantos problemas pelos quais estava passando: desemprego, falta de dinheiro, brigas constantes com minha mãe, baixa autoestima, depressão... entre outros.

Lembro-me muito bem de que um dia, após o treino, estava lá no meu momento "muro das lamentações", e a MS com muito calma e amor me disse: "Calma, eu vou te ajudar". Aí me disse do canal dela no YouTube e a página do Facebook. Como eu gosto muito do YouTube, fui ao canal e comecei a assistir a vários vídeos. Aí tudo começou, primeiro como ela se comunica com as pessoas, fala de igual, para igual, e isso me aproximou mais ainda; depois todas as experiências com que me identifiquei e assim me ajudaram a compreender o que estava acontecendo comigo. Minha vida começou a mudar quando iniciei com o Ho'oponopono e aprendi como praticá-lo. Consegui um *freelancer* e com isso fazer o curso dela "Transformando a vida com o Ho'oponopono" e comprar meu primeiro japamala com a "Fulana de Tal"; praticava todos os dias e faço até hoje, andando com ele na minha bolsa.

Posso afirmar que foi impressionante, até contei para a MS como minha vida mudou em menos de um ano. Muitas coisas aconteceram, compreendi muitas coisas. Ainda estou no processo, pois o autoconhecimento é extremamente importante, e todo dia vem uma questão nova para ser trabalhada (algumas nada agradáveis), mas sei que isso acontece justamente porque faço o Ho'oponopono. Estou na limpeza, e afirmo que, sim, estou cada vez mais feliz, que após cada reflexão sei que tudo é para o meu melhor e aprendizado.

O Ho'oponopono foi um divisor de águas em minha vida, e sou imensamente grata por tudo que a MS tem me ensinado.

Com carinho,
Patrícia Lima

❀ ❀ ❀

Depoimento

A Maria Silvia, além de ser uma Mestre em Ho'oponopono, terapeuta de vidas passadas e sensitiva, é escritora de obras que me auxiliaram no processo de despertar.

Os livros *Os Sete Mestres* e *Os Filhos de Órion* são exemplos de obras que ampliaram minha percepção de quem e o que somos, e ambos já foram objeto de estudo em um grupo de estudos que fundamos em minha cidade, Não-Me-Toque/RS, para ampliar nossos conhecimentos.

A MS me despertou para uma nova vida; é, e sempre será, um ser por quem terei eterna gratidão. Foi por seus ensinamentos, de sua voz suave, de sua sabedoria de condução com suas próprias experiências (ora leves, ora nem tanto) que conheci o Ho'oponopono, que transformou minha história!

A partir do Ho'oponopono fui apresentada à Fraternidade Branca e desde então entrei no mundo das infinitas possibilidades. Nada mais me limitou!

Comparo minha história a um grande novelo de lã empacotado, lacrado, e o Ho'oponopono foi o primeiro fio a sair do emaranhado. A cada desatar, a cada centímetro solto uma etapa é percorrida, uma cura, uma limpeza e, ao mesmo tempo, uma nova roupagem sendo tecida; e com a consciência e com a harmonia, e com a cor que eu escolho, porque com o Ho'oponopono aprendi que eu sou 100% responsável e isso me faz ser a mais incrível criadora de minha própria realidade.

Aplico intensivamente o Ho'oponopono, durmo e acordo com o mantra, aplico em todas as minhas relações, ambientes, viagens, negócios e tudo mais em minha rotina de mãe, filha, esposa, empresária e outros tantos papéis que assumo nesse teatro que é a vida!

Meu bem-estar está em harmonia com quem Eu Sou e essa transformação se deve a eu conseguir chegar a sentir a vibração de perdoar, aceitar, amar e, especialmente, agradecer!!

Entendo que somos um ser único, pleno e absoluto e que todos viemos com incríveis possibilidades de melhorar nos variados segmentos da vida, que são os "entraves"!

Embora sejamos únicos (corpo, mente e espírito), faço uma segmentação das situações cotidianas e por vezes conflituosas, para que fiquem perceptíveis as conquistas que obtive com o Ho'oponopono em minha vida profissional e financeira.

Consegui realizar limpezas e curas usando o mantra.

Perguntam-me: como é possível?

A resposta é: faça com intensidade, com sentimento, com verdade!

E quantas vezes forem necessárias. Houve períodos da "crise econômica do país" que eu fazia Ho'oponopono de manhã ao acordar; o mantra tocava o dia inteiro. Ao meio-dia mais uma rodadinha de japamala, à tarde mais e à noite mais, e a oração original de Morrnah Simeona. E com esse trabalho e dedicação, recebi os resultados, como: sair da crise!

Hoje entendi que a crise estava em mim; meu foco era nela e não na gratidão por tudo o que já havíamos conquistado. As demissões de profissionais amados, pessoas maravilhosas, mas que tinham o valor da remuneração acima da reestruturação que era necessária. Foi uma das situações com que sofri muito.

Eu acordava de madrugada me perguntando como e por que aquilo acontecia, mas logo que começava o Ho'oponopono e eu entregava essas perguntas ao Universo, a vibração começava a mudar. Consequentemente, os sentimentos se alteravam e surgiam novas ferramentas, técnicas que comecei a aplicar com o Ho'oponopono. E tudo fluiu.

Um dia em específico, após uma reunião de análise financeira, estava claro que ou eu reestruturava tudo, ou a empresa acabaria em breve. Entreguei-me ao Ho'oponopono, e entendi que mesmo demitindo alguém eu poderia estar dando a oportunidade que essa pessoa buscava para uma nova vida. Também me libertei da necessidade de agradar a todos. Entendi minha carência e assumi meu Ser com muito amor.

Hoje posso falar, porque estou com o foco na abundância e prosperidade! E a abundância e prosperidade que reconheci é minha própria existência, o ar que respiro, a água, a terra, a natureza e principalmente todas as pessoas que compartilham comigo seus dias!

O Universo é abundante em todos os aspectos, e para eu chegar a esse sentimento verdadeiramente continuo diariamente repetindo:

- Sinto muito
- Me perdoe
- Te amo
- Sou grata

Silviane Estery é empresária, casada, mãe de três filhos lindos, tem 40 anos e uma enorme vontade de viver a plenitude da vida, evoluir e ajudar as pessoas. Mora em Não-Me-Toque, Rio Grande do Sul.

Capítulo 9

O milagre da reciprocidade

Quando você percebe que não está sozinho.
Astral – obsessores – energias.

Reciprocidade é quando o céu dialoga com a terra enfeitando os campos em um lindo por do Sol para trazer esperança aos humanos.
Reciprocidade é quando vem a chuva para fazer sementes brotarem gerando uma colheita farta que irá alimentar um milhão de almas encarnadas, que nem se dão conta do movimento espiritual que existe por trás das nuvens.
Reciprocidade é quando a mãe gera um filho que irá cuidar, alimentar do próprio seio, embalar nos braços, aquecer no inverno e refrescar no calor em banhos tranquilos e perfumados, tudo isso sem esperar nada em troca, porque a troca já existe antes ainda do nascimento, pois o filho, quando gerado, torna aquela mulher eternamente mãe.

Quando o Ho'oponopono chegou à minha vida, eu já conhecia bastante sobre mediunidade, já sabia que, o tempo todo, de forma consciente ou inconsciente, estamos interagindo com forças sutis, que podem não ser fáceis e nem sempre nos ajudam.

Carmas de vidas passadas, por exemplo, podem ser conexões bem complicadas, e quase sempre estão vibrando na nossa casa, na nossa família.

Sempre brinco com meus clientes para tornar a sessão mais leve dizendo que é na família que encontramos os maiores amores e os maiores desafios. E, quando me refiro à família, também agrego pessoas com as quais convivemos muito, colegas de trabalho, amigos, um parceiro ou até a ausência de um amor. Família nesse sentido não tem a ver com família de sangue.

Tudo isso é relacionamento cármico que precisa ser harmonizado, equilibrado, enfim, todos nós temos muitas questões para arrumar e um grande desejo de viver em paz, amor e harmonia.

Quando comecei minhas práticas com o Ho'oponopono, tinha muitas dúvidas sobre como fazê-lo, tipo:

Repito quantas vezes?

Falo para mim ou para o outro?

Tenho de perdoar aquele que me fez mal?

Como fazer Ho'oponopono se estou querendo que o outro me peça perdão, afinal foi ele que errou...

Aos poucos fui descobrindo as respostas fazendo o Ho'oponopono comigo mesma, depois chamei um grupo de amigos para praticar, e vieram mais dúvidas e muitas respostas.

Foram descobertas e aprendizados incríveis ao longo do primeiro ano, o que me inspirou a escrever o método de meu curso *on-line* "Transformando Relacionamentos com Ho'oponopono". Lembro que pensei que tudo ficaria mais fácil se tivesse um caminho de cura, se seguisse um itinerário, por isso criei no curso os oito passos.

A inspiração veio primeiro comigo mesma, depois com as coisas a meu redor, depois com o amor...

O método "Transformando Relacionamentos com Ho'oponopono" surgiu da experiência, e por isso os resultados são tão incríveis e ajudam tanta gente.

Logo no início, um ponto importante foi entender que somos 100% responsáveis por tudo à nossa volta e que ao mesmo tempo compartilhamos a vida com pessoas, situações, lugares, e nos relacionamos bem ou mal com o que existe ao redor, como mostra a seguinte canalização.

❀ ❀ ❀

O INIMIGO FAZ PARTE DE VOCÊ
Canalização Mestra Rowena - Chama Rosa, 14/3/2019

O inimigo faz parte de você. Porque todos somos um só.

Não existe inimigo fora, que não exista em você a vibração compatível.

Quando você começa a trabalhar sua energia com amor, quando você começa a tratar a si mesmo, em suas curas, na sua libertação, com amor, a ligação com o inimigo vai se dissolvendo.

Nós concordamos que existem no mundo pessoas diferentes, sintonias diferentes, crenças diferentes, evolução diferente; escolhas, opções, caminhos, momentos de vida completamente diferentes de você.

Ainda assim, compreenda que esse ser, ou esses seres, se estão em seu caminho, se estão em sua vibração, trazem para você referências daquilo que você foi, referências daquilo que você está trabalhando, limpando, purificando em você.

O outro é seu espelho.

Então, quando você se dedica ao seu trabalho espiritual de limpeza, de purificação, você não tira essa energia de cima de você com ódio, com raiva, tratando o inimigo como inimigo, como uma energia intrusa, como algo que não merece seu olhar.

Se aquela pessoa está em seu caminho, se aquela situação está em sua vida, trate a limpeza com amor, com paz. Dissolva a raiva, a mágoa, o medo, a angústia que você tem em relação a esse fato; tire a munição, tire o alimento do mal dessa situação.

E você vai observar que, naturalmente, aquilo que o incomoda deixará de incomodar.

Você vai observar que aquilo que era difícil para você deixará de ser.

Você vai observar que aquilo que era complicado para você se dissolverá.

Faça esse exercício agora.

Pense, neste momento, em alguém ou alguma situação sua e imagine essa pessoa, essa situação sendo dissolvida em uma grande Luz Dourada do Criador.

Imagine essa pessoa recebendo toda a emanação Dourada do Criador, que leva a esse ser, com essa história a que você está conectado, a libertação, a luz, a paz, a solução divina.

Use essa meditação, esse exercício, tantas vezes quantas forem necessárias para limpar aquilo que une você a esse ser. Para limpar a história, que pode ser muito antiga, mas que ainda hoje se faz presente em sua mente.

Simplesmente libere a energia, simplesmente acesse a luz da Cura, a luz do Criador, dissolvendo o peso, dissolvendo a angústia, dissolvendo as conexões que você tem com essa história.

É o tempo da libertação.

Nós estamos limpando a sujeira que ficou no astral, as dores que sobraram no astral, e estamos trabalhando a energia de cada um de vocês.

Eu sou Mestra Rowena e atuo na Chama Rosa, na profunda cura através do Amor.

Nosso exercício é curar.

Nosso exercício é perdoar.

Nosso exercício é a constância no Bem.

Neste momento, estamos ativando a energia de cura em suas mãos. Esfreguem as mãos, peçam que as mãos de vocês vibrem curas.

E, agora, coloquem a mão em seu corpo, no coração, na cabeça, onde vocês sentem alguma dor, onde vocês sentem algum incômodo. Dirijam para vocês a cura de que precisam.

Neste momento, estamos atuando em conjunto com a Chama Violeta, retirando agora de vocês, da mente de vocês, o peso dessa questão, como um saca-rolhas.

Está se formando no alto da cabeça de vocês, como um saca-rolhas retirando os pensamentos, esvaziando as dores, esvaziando as ideias.

A energia se movimenta e vocês permitem que ela seja tirada de sua mente, de seu corpo, de suas emoções.

Aí vocês estão preenchidos de si mesmos, preenchidos do seu Bem, preenchidos e vibrando em sua Luz.

Ofereço esse exercício de cura para ajudar todos aqueles que estão precisando. A Chama Rosa, atuando na vibração do amor e da limpeza!

❈ ❈ ❈

O milagre da reciprocidade mostra que tudo depende de nós

Somos seres cocriadores do Universo, o que pode ser lindo e assustador ao mesmo tempo, principalmente quando o momento está complicado e você, cercado de mágoas, dívidas, dores, raivas...

Será que podemos nos tornar criadores do mal, do sofrimento, da escassez?

Se entrarmos nessa frequência pesada, como sair dela?

Tudo isso passava na minha cabeça.

Entendia perfeitamente a questão da lei da atração, que ensina que atraímos aquilo que vibramos, então cuidar da energia repetindo as frases do Ho'oponopono harmonizando os sentimentos fez muito sentido, e comecei a praticar fazendo uma oração livre que criei para aquele momento.

Você pode também criar sua oração, falar com Deus de seu jeito. Se quiser pode gravar essa minha oração com sua voz ou repetir mentalmente.

Dirija a força dessa oração para Deus, para você mesmo e para as energias que estão à sua volta.

❀ ❀ ❀

Divindade, limpa em mim o sofrimento.

Divindade, limpa em mim a dor, a raiva, o sentimento de rejeição.

Divindade, limpa em mim o abandono, a falta de amor e compreensão.

Divindade, limpa minhas memórias de escassez, de pobreza, solidão.

Sinto muito

Sinto muito por estar vivendo coisas tão complicadas.

Sinto muito por me sentir mal, por estar brigando.

Sinto muito por carregar memórias de dor que estão me unindo a situações e pessoas magoadas, com raiva, tristeza.

Sinto muito se causei esse mal.

Sinto muito se de alguma forma provoquei esses sentimentos negativos.

Me perdoe

Por favor, me perdoe. Me perdoe se provoquei essas dores e mágoas.

Me perdoe se um dia eu ou meus ancestrais ferimos, magoamos, roubamos ou matamos alguém.

Hoje, sou eu quem pede perdão.

Me perdoe. Hoje jamais faria isso.

Me perdoe, me perdoe, me perdoe.

Te amo

Ofereço amor para a cura.

Te amo, te amo, te amo.

Sou grato

Obrigada, obrigada por me permitir falar, obrigada por me ouvir, obrigada pela chance de expressar o perdão.

Ho'oponopono é o milagre de criar reciprocidade com coisas boas

O fato é que a gente sabe que não está sozinho, que fazemos parte do todo, que nossas ações impactam a energia do mundo à nossa volta; então, existe muita luz, muita esperança, quando nos conectamos com o bem.

Se você está sofrendo com algo pesado e negativo, saiba que existem energias de dor em tudo isso, até resgates cármicos, obsessores, mas com o Ho'oponopono e a ajuda de seres de luz que estão no astral, nossos mentores, e guias, podemos mudar a frequência, podemos curar nossa vida.

❀ ❀ ❀

O milagre da reciprocidade atua quando você entende o que está acontecendo

Compreendi pelos ensinamentos dos mestres ascensionados que nossa mente expandida com o amor do Ho'oponopono pode nos libertar do carma.

Todo ser humano, quando enfrenta a dor, deseja dela se libertar. Isso é tão natural quanto afastar a mão de uma brasa acesa. Porém, na prática, não temos essa liberdade de ação se ficarmos repetindo as mesmas reclamações, raivas, dificuldades. Precisamos, para o nosso bem, parar de reclamar!

Sabemos do sofrimento, mas, comprometidos por nossa forma de pensar e enfrentar a vida, ficamos aprisionados a ele. Só efetivamente conseguimos nos curar quando deixamos de sofrer, quando aquilo que nos causa sofrimento deixa de vibrar em nosso corpo sutil. E para isso acontecer muitas coisas podem ajudar; terapia, por exemplo, ajuda muito, orações são fundamentais, estudar coisas espirituais, fazer cursos, participar de retiros, tudo isso é muito bacana, e será ainda mais incrível se você assumir junto a prática do Ho'oponopono.

Ativando o milagre da reciprocidade pelo Ho'oponopono

A prática continuada do Ho'oponopono ajuda incrivelmente a aliviar a pressão desses pesos emocionais, por isso, toda vez que você se sentir triste, com sentimentos depressivos, mergulhe no Ho'oponopono.

Se possível, faça 108 vezes de forma mântrica.

Diga para si mesmo, para o ambiente à sua volta, para as energias do astral:

- Sinto muito
- Me perdoe
- Te amo
- Sou grato

Como ensino em meu curso "Transformando Relacionamentos com Ho'oponopono", os obsessores e energias do astral de alguma forma dialogam com a gente, e, se evoluirmos, eles também se libertam, e nos libertam. Ho'oponopono faz esse movimento pelo amor.

Oitavo Passo: Astral – Obsessores, energias.
Você nunca está sozinho.
Aquilo que podemos pensar e ver sobre nós mesmos e nossa caminhada é apenas a ponta do iceberg daquilo que realmente somos.
Você não está sozinho.

Já pensou que às vezes o sentimento de tristeza, de dor, de mágoa e ressentimento que tomou conta de você não é só seu?

Pode ser que esse sentimento faça parte da egrégora de sua família, que veio com a carga genética que você herdou de seus antepassados e agregados.

A boa notícia é que, se isso faz parte de sua vibração, há uma mudança que você pode fazer.

Acessando a luz do Ho'oponopono, vamos ativando o milagre da reciprocidade, e essa energia, além de curar e aliviar sua dor, continuará atuando no astral, libertando seus antepassados, obsessores e descendentes.

Não é maravilhoso?

❀ ❀ ❀

Pelo milagre da reciprocidade você pode mudar a energia

Vejo muitas pessoas reclamando de pai e mãe, da família, das condições sociais e financeiras que tiveram de enfrentar, deixando de ponderar que ali estão por conta de suas tendências de alma.

O sentimento de vítima estraga tudo.

Não podemos esquecer que na ascensão espiritual, ou no aperfeiçoamento de nossa alma, precisamos crescer sob nossas dificuldades; e, de forma semelhante a uma semente que debaixo da terra encontra forças para se libertar da casca, precisamos dentro de nós encontrar o broto verde da libertação.

Não há acaso na doença, na pobreza ou no abandono; gostando ou não, o fato é que nascemos onde nossa energia nos permitiu.

A analogia é a de um carro que precisa ser consertado. Paramos em um mecânico, onde nos defrontamos com outros em iguais condições, e na infelicidade achamos que está tudo horrível. Nós nos esquecemos de que o esforço será recompensado e logo mais o carro estará consertado e voltaremos a trilhar o caminho com tranquilidade. Não ficaremos na oficina para sempre.

Se nascemos em uma família que tem a tendência ao sofrimento, o que nos cabe fazer? Continuar iguais a nossos pais? Ou ainda nos rebelar como adolescentes gritando aos quatro ventos que não seremos como eles?

Crianças mimadas agem assim, fazendo birra, não querendo aceitar as limitações que a vida impõe. Porém, quando não aceitamos o destino, a ação das pessoas, e ficamos choramingando por conta de tudo que nos acontece, perdemos a conexão divina, não conseguimos acessar o perdão libertador e culpamos o mundo por nosso insucesso. Agindo assim podemos ficar presos à dor, o que não é nada bom.

❀ ❀ ❀

O milagre da reciprocidade com a luz pode limpar um sofrimento

Vou trazer um estudo de caso para mostrar a importância de limpar nossas crenças e de quanto o sofrimento precisa ser aliviado para viver na luz. O nome da pessoa e os fatos foram alterados para manter o anonimato.

Cláudio chegou para se consultar comigo apresentando uma situação de sofrimento, perturbação espiritual e mental. Veio acompanhado de sua esposa, que queria saber se ele estava acompanhado de um espírito obsessor.

Devo dizer que, por mais estranho que esse pensamento possa parecer, muita gente coloca no astral a total responsabilidade pelos problemas da vida.

Expliquei que muitas vezes atraímos a energia de espíritos que vibram da mesma forma que nós, porque sentem sintonia com nossas crenças.

Ambos ficaram espantados com minhas colocações, porque acreditavam que eram vítimas do destino e se sentiam importunados por espíritos malignos, sem nunca terem pensado que a negatividade poderia brotar deles mesmos.

Desejosos de fazer justiça, atiçavam a chama do ódio e da raiva reclamando de tudo.

As dores de Cláudio pareciam infindáveis, dores de cabeça constantes, dores nas costas, vida financeira imprestável, desafeto na família. Parecia que nada dava certo para aquelas pessoas.

Quando perguntei dos compromissos espirituais com orações, caridade, etc., mais uma vez eles me olharam espantados, dizendo que pessoas tão sofridas como eles não tinham forças para assumir um compromisso espiritual e que na verdade eles queriam apenas receber ajuda.

❀ ❀ ❀

O milagre da reciprocidade acontece quando você se abre

Os mestres ascensionados ensinam que, para receber o milagre, é preciso estender as mãos. Isso significa participar assiduamente de grupos, estudar, rezar, meditar e abrir a mente para ações mais positivas.

Fazer Ho'oponopono.
- Sinto muito
- Me perdoe
- Te amo
- Sou grato

Cláudio, quando expliquei tudo isso, pareceu totalmente perdido, já que estava ouvindo algo que não esperava ouvir. Percebi o tamanho da incompreensão quando ele disse:

"Minha família é muito perturbada, as pessoas brigam muito, não há amor".

Respondi calmamente que essa era a hora perfeita de mudar isso e oferecer amor.

Expliquei que, quando você compreender que as pessoas são duras, complicadas, esse é o momento de abrir o coração e transformar seus comportamentos.

Aproveito para dizer para você também, amigo leitor, que a vida não fica perfeita para você mudar. Ao contrário, primeiro você muda, e aí o caminho pode ser harmonizado.

Quando terminei as explicações, a mulher de Cláudio, que até então estava observando tudo em silêncio, se pronunciou.

"Sabe, Maria Silvia, o Cláudio reclama até hoje que o pai era agressivo e o maltratava, e está fazendo a mesma coisa com os meninos. Fico triste só de pensar no mais novo, que sempre chora compulsivamente depois das broncas que recebe."

"Mirtes, não estamos aqui para discutir com a doutora meu comportamento com os meninos", disse o marido, cortando a conversa.

Aproveitei esse momento para explicar que tudo na vida tem ligação.

A parte espiritual não é um complemento, ou algo separado do todo. Ao contrário, o espírito tem ligação com a mente, com o comportamento, com a emoção, com o corpo, porque somos o todo.

Expliquei também que, repetindo com os filhos o mesmo tratamento que recebeu de seus pais, jamais se libertaria de qualquer tendência cármica, ou mesmo de um possível processo obsessivo.

Cláudio era um homem meio embrutecido, tinha pouca aceitação para sua responsabilidade dentro de um processo obsessivo, pois até então imaginava que era vítima de forças do mal, como se ele não vibrasse nada disso dentro de si.

Continuei tratando-o e ensinando a ele e à sua família. Eles melhoraram bastante depois que venceram a resistência inicial e começaram a praticar o Ho'oponopono.

Não sei por quanto tempo eles se mantiveram na boa energia, porque, mesmo o Ho'oponopono sendo muito poderoso, para ter resultados precisamos nos dedicar, praticar, envolver-nos, e essa atitude é escolha e compromisso de cada um.

Eu, como terapeuta, posso ajudar, desejar o bem e orientar, mas o restante do caminho é da pessoa.

Para ter luz, você precisa querer vibrar de forma mais elevada e se manter na luz.

Assim, sugiro a você que busque entender onde pode estar a causa de uma dor, antes de jogar a responsabilidade nos outros. E, se não conseguir encontrar respostas, abra o coração para o Ho'oponopono e não busque culpados.

Solte a dor. Desapegue do desejo de reparação ou de vingança. Libere seu coração.

Como ensinam os mestres kahunas, xamãs do Ho'oponopono, criamos a realidade através de nosso olhar. Então, repito como aprendi:

Foco no bem, e vamos praticar o amor do Ho'oponopono.

Os mestres ascensionados ensinam que nossa tendência espiritual pode ser acelerada para forças positivas por meio da libertação do processo mental mais amoroso e lúcido.

A energia do Ho'oponopono faz exatamente isso; aos poucos, repetindo as frases do Ho'oponopono, vamos soltando as amarras:

- Sinto muito
- Me perdoe
- Te amo
- Sou grato

Essas frases trazem paz, aceitação, fluidez, leveza, liberdade.

❀ ❀ ❀

O milagre da reciprocidade se mostrou quando eu estava pronta

Ao longo dos anos de trabalho como terapeuta, tenho me detido a observar os casos que passam por minhas mãos, e muitas vezes questionei o aprendizado pela dor e pelo sofrimento. Isso me tornou uma pesquisadora nessa área.

Vamos dizer que minha mente racional observa, faz anotações, compara, e a mente espiritual explica, orienta e muitas vezes apresenta aquilo que está por trás das questões aparentemente sem solução.

Muitas vezes perguntei:

Por que sofrer?

Por que repetir o sofrimento?

Por que aprender pelo sofrimento?

O Ho'oponopono trouxe as respostas que eu procurava, e por isso me tomei de paixão pela técnica. Vi no Ho'oponopono a luz que faltava.

Enxerguei a ferramenta simples e eficaz que as pessoas poderiam usar sem dificuldades para limpar o carma familiar.

Coisas que vinha observando há anos começaram a se encaixar nas curas.

Ficava triste pensando que era muito difícil limpar aquilo que herdamos de pai e mãe, que não era apenas a cor dos olhos e dos cabelos, ou a inteligência, ou habilidade artística, pois herdamos de nossa família a vibração e crenças profundas, algumas boas e outras bem complicadas.

Ficava com o coração apertado pensando que éramos impotentes diante da herança das tendências espirituais, do jeito pesado, negativo de pensar e agir.

Sempre soube que isso não define totalmente nossa vida, porque temos o livre-arbítrio, e espera-se de nós a evolução, porém é bem difícil evoluir, mudar, transformar coisas muito densas, memórias de séculos de guerra, dor, restrição, abandono.

Ao longo do meu caminho como terapeuta de vidas passadas, percebi que as dores ficam impregnadas no corpo sutil e, mesmo na reencarnação, as dores definem a vida que teremos pela frente, formando um ciclo infinito de expiação.

Foram anos de trabalho com muita gente, buscando mudanças que finalmente encontrei no Ho'oponopono.

Percebi que o Ho'oponopono é um contato direto com o divino e pode fazer milagres!

❀ ❀ ❀

O milagre da reciprocidade pede empatia

Um ponto meio complicado que tem a ver com as energias do astral é a mediunidade. Um dom incrível, que precisa muito ser trabalhado na energia do amor e da humildade.

Alguns sensitivos, por terem uma forte conexão mediúnica, podem pensar que têm resposta ou explicações para tudo. E não é assim que a vida acontece. Nem deveria ser.

Para nosso próprio bem, deveríamos ser mais humildes e deixar de achar que temos as respostas, principalmente no que se refere à vida alheia, pois é fácil julgar a vida dos outros, uma vez que não estamos na pele da pessoa, não vivemos seus dramas e desafios. E justamente por isso vemos a vida alheia com mais clareza. Mas e o amor? E a compaixão?

Se julgarmos a vida alheia, corremos o forte risco de sermos cruéis...

Infelizmente acho que até eu, com todo o meu preparo, já fiz besteira nesse sentido. Mas não faço mais.... Hoje tenho muito cuidado com as palavras e até com os textos escritos, porque pessoas que estão sofrendo podem interpretar tudo errado, e não ver nem sentir nada daquilo que percebemos com tanta clareza.

Amigo, mais amor... Por favor, mais amor.

Precisamos ter mais paciência com o tempo do outro, com os desafios dos outros, porque mediunicamente perceber a vida alheia, encontrar respostas em carmas de vidas passadas e cair no julgamento é muito, mas muito fácil. Agora amar, compreender, ter paciência e não julgar é muito difícil.

O milagre da reciprocidade pede muito amor

Se você quer receber amor, olhe para a vida alheia com amor e compaixão.

O mundo não precisa nem de médiuns nem de pessoas prepotentes. O mundo precisa de gente que tenha a sabedoria do amor, da gentileza, da paciência.

Quantas vezes vi pessoas brigarem, irem embora dos grupos, desentender-se com amigos e parceiros na caminhada porque se sentiram ofendidas, magoadas com atitudes alheias.

Será que precisamos ser assim tão agressivos?

E, por outro lado, será que temos de ser assim sensíveis, e não aceitar críticas?

Será que não somos capazes de dar um tempo?

Será que não conseguimos nos colocar no lugar do outro, praticar a empatia?

Perdoar, relevar e seguir?

Ho'oponopono ensina que, se o erro do outro nos incomoda, de alguma forma também carregamos aquilo em nós.

Tenho certeza de que todos temos essa força de amor para fazer diferente.

Acho que as pessoas mediúnicas, sensíveis, se magoam facilmente não por conta da mediunidade, e sim por conta de uma fraca compreensão emocional e de uma baixa autoestima, que ativa o lado negativo do ego.

Precisamos muito do Ho'oponopono para curar isso e aprender a ter um bom diálogo com o mundo à nossa volta.

A mediunidade deveria nos aproximar de Deus e de nossos guias, e não nos fragilizar.

Mediunidade não é um poder, e sim um dom que deve ser constantemente aprimorado.

Você pode ser muito sensível e muito forte ao mesmo tempo!

As coisas pegam, magoam-nos quando estamos carentes de amor, e muitas vezes isso não se resolve recebendo aplausos de seu grupo mediúnico nem arrumando um namorado. Essa carência se resolve amando a Deus, conectando-se ao divino, mantendo-se na luz, mesmo quando não compreendemos seus desígnios e mesmo que aconteça uma ingratidão por parte dos colegas.

Muito Ho'oponopono para despertar o amor em nós e fazer as pazes com as energias do astral, porque essas encrencas podem fazer parte de um teste para ver como a gente lida com desafios.

Brigar não é a resposta, agressividade não resolve nada. Guardar a dor também não resolve, mas em alguns momentos a melhor solução é o silêncio, a meditação e o Ho'oponopono.

Somos muito amados e vamos vencer as diferenças se a gente se amar um pouco mais.

- Sinto muito
- Me perdoe
- Te amo
- Sou grato

❈ ❈ ❈

Quando o milagre da reciprocidade acalma o coração

Sempre meu coração se acalma quando recebo mensagens espirituais elevadas.

Sinto muita gratidão por perceber que há seres de luz no plano espiritual cuidando da gente.

A mensagem abaixo veio logo depois de minha descoberta do Ho'oponopono. Ainda não sabia direito como praticar, tinha muitas dúvidas, e uma visão de vida ligada ao erro e ao abandono. A dor me incomodava muito e, sem saber, justamente porque sofria com essas coisas negativas, estava sempre atraindo mais dor para minha vida.

Ainda não sabia praticar o Ho'oponopono para limpar as memórias de dor.

Não sabia que era tão simples vibrar para cura:
- Sinto muito
- Me perdoe
- Te amo
- Sou grato

Ho'oponopono pode curar sua vida e mudar a energia de tudo o que está à sua volta.

❀ ❀ ❀

O MILAGRE DA RECIPROCIDADE ENTRE NÓS E OS ESPÍRITOS
Canalização Maria Padilha - Chama Violeta 6/12/2014

Eu falo para você, que se sente só – porque eu conheço a solidão.

Eu sei como é se sentir sozinho – quando você está acompanhado.

Eu sei como é acordar sozinho. Eu sei como é dormir sozinho.

Eu sei como é acordar com alguém e se sentir só.

Muito da minha existência foi pautada pelo desejo de encontrar alguém, de ter alguém, e muitos de meus sentimentos mais conflituosos vieram da necessidade de precisar de alguém, de precisar de apoio.

O momento mais amargo, em que mergulhei na escuridão mais profunda, foi quando pedi que Deus me acolhesse, me suportasse, me direcionasse, me cuidasse, e não tive resposta.

Não veio um anjo me despertar. Não veio um espírito de luz me acolher. Não veio um amigo sincero dialogar comigo. Eu estava só.

Mas não pense você que faltavam pessoas, compromissos, empregados, colegas e festas. Quantas festas...

Quantos encontros sem sentido...

Quantas pessoas buscando a felicidade daquilo tudo que eu já tinha. Porque fiquei rica. Tinha muitas joias, vestidos. Tinha muitos homens, muitos parceiros...

Mas o vazio interior era imenso. A incompreensão era ainda maior. E a dor de não me sentir compreendida, acolhida, amada, respeitada era muito grande.

E isso tudo me envolveu com a crença de que a vida é assim, cheia de mentiras e falsidade.

Fiquei tão envolvida no sofrimento, tão arrebatada pela dor, que não questionava mais.

O mundo é assim e pronto. O sofrimento é assim e pronto, estava resignada.

Carregava um emaranhado tão grande de dor e de sofrimento na minha mente, no meu coração, no meu corpo, e não sabia como resolver.

Como a mente divina manifesta aquilo que carregamos em nós, como valorizava o belo, eu era bela. Como valorizava os castelos, os palácios, nasci sempre conseguindo voltar àquele núcleo.

Trouxe para mim mesma a repetição dessas histórias em muitas vidas. E não era um castigo de Deus, como eu pensava que fosse.

Porque foram tantas as decepções, e tanta a carência do calor do amor de alguém, que eu acreditei que a vida era esse sofrimento.

Não entendi que esse emaranhado estava sendo criado por mim mesma.

Não entendi que minhas crenças estavam fazendo com que eu revisitasse sempre os mesmos lugares, as pessoas do mesmo jeito, as situações da mesma forma.

Ano após ano, vida após vida, tudo se repetia. Mudavam as festas, mudavam as pessoas, mudavam as roupas – e tudo se mantinha igual.

Foi muito difícil, porque eu era muito resistente à transformação e à mudança, e quando, finalmente, evoluí no aprendizado espiritual, descobri que estava criando e recriando os mesmos cenários.

Que estava potencializando o sofrimento e a dor porque tinha raiva, mágoa, dores. Tudo de ruim estava se repetindo porque eu era violenta nas palavras, agressiva.

Tenho de confessar que me revoltei com essa aula.

Achei que aqueles professores espirituais tão amorosos, tão bonitos e doces não estavam falando a verdade. Achei que eles não conheciam meu mundo, que não entendiam o tipo de sofrimento pelo qual eu estava passando.

Foi difícil evoluir, aceitar outro olhar, mesmo estando no plano espiritual, porque me achava vítima.

Quando me sentia muito mal a esse respeito, sem forças para mudar, uma mulher muito linda, com no máximo 20 anos, apareceu para mim... E disse com muita suavidade:

– Você pensa que a vida é assim, como você vê? Pensa que nós não sofremos?

Com um gesto de mão, Mestra Pórtia, que até então eu não conhecia, me mostrou, como em um filme, uma história muito parecida com minhas histórias, aquelas que doíam em meu ser.

Vi abandono, rejeição, falta de compreensão, solidão, pobreza.

Entendi que, da mesma forma que criamos a dor e o sofrimento, podemos criar luz e amor.

Depois de me dedicar à minha cura, propus-me a ajudar as pessoas que se sentissem solitárias a melhorar a autoestima.

Assumi o compromisso de olhar para aqueles que não são vistos, aquelas pessoas que se sentem invisíveis, mal-amadas, desrespeitadas, vazias, solitárias. Assumi também o compromisso de olhar por todos aqueles que sofrem com a ingratidão e que se sentem injustiçados, abandonados.

Estou muito feliz com minha missão, porque, se fiz alguém sorrir e agora trouxe um pequeno conforto para os corações sofridos, estou cumprindo minha tarefa.

Vibro na sintonia da Chama Violeta, porque ali está o poder mágico de fazer a transmutação de sentimentos e emoções, de pensamentos e impressões, e através dessa abertura.

Eu Sou Maria Padilha, e amo vocês.

Amo, compreendo, aceito e vejo, em vocês, histórias e sintonia de tudo aquilo que já vivi. Minha missão é mergulhar nesse mundo de sensações, emoções, para curar.

Compreendi que, quanto mais olharmos o outro sem julgamento, com compreensão e amor, mais próximos estaremos da vibração de luz que alivia as pressões do mundo material.

A Chama Violeta está o tempo todo pulsando: curas, expansão e transformação.

Quando se sentirem solitários, podem ter certeza de que não é real.

Somos todos um. Estamos em uníssono, na vibração de transformação da nova era.

Sigam em harmonia e tenham paz.

Vocês não estão sozinhos.

❃ ❃ ❃

Depoimento

Eu me chamo Alexandra Zanella e sou aluna do curso "Transformando Relacionamentos com Ho'oponopono" da MS.

O Ho'oponopono e a MS chegaram à minha vida em um momento muito difícil de minha história.

Quando comecei a praticar e participar das *lives* e dos cursos, fui atraída, ou chamada, pela energia leve e doce da querida MS.

Em um primeiro momento, lembro de ter admirado seu grandioso conhecimento pelo mundo espiritual e pela tamanha humildade, delicadeza e compaixão em seu olhar para com cada coração que ali estava, com palavras que tocam no fundo da alma com muito respeito e amor.

Impressionada com a MS, joguei-me de corpo e alma nesse aprendizado, segui cada passo, deparei-me com momentos difíceis, mas muito importantes para minha cura, e sempre fui amparada com palavras e pela energia de amor que ela transmite.

Meu processo com Ho'oponopono abriu portas para a espiritualidade.

Quando comecei a praticar, não entendia muito bem como não era vítima das circunstâncias, pois foram bem ruins, mas aos poucos fui entendendo que eu atraí aquela energia e comecei minha jornada por meu autoperdão.

Sentia muita dor no peito, por vezes queria poder colocar minha mão dentro e arrancar aquilo de mim. Essa cura veio. Mas eu havia desenvolvido intolerância à lactose, sofria com enxaquecas, que cada vez estavam mais fortes, então pesquisei sobre doenças psicossomáticas e descobri que raiva acumulada prejudica o fígado. Essa foi minha experiência mais marcante.

Eu fazia Ho'oponopono pela manhã, ao meio-dia e à noite, com meu japamala. Foram meses fazendo e cada vez mais vinham *insights* dessa raiva, até que em um determinado momento não pude fugir da verdade, eu senti todo mal que provoquei em mim, nos outros e no mundo com essa raiva.

Foi muito difícil admitir; como sou reikiana, coloquei minha mão no fígado, na outra o japamala, e muito Ho'oponopono. Sentia entrar pela minha mão uma energia muito forte, doía. Eu estava retirando a energia de raiva de mim, mas, no momento em que admiti que não fui boa para Deus, ouvi uma voz em meu ouvido que disse: "você está curada".

Naquele momento abri os olhos e terminei o japamala; à noite fui a uma pizzaria, não levei remédio, não passei mal, estou curada.

No fim do ano 2018, fui ao Espaço Alpha Lux para conhecer MS pessoalmente e fiquei encantada com a energia maravilhosa, cheia de paz.

Fiz outros cursos e iniciei meu trabalho como terapeuta.

Minha jornada está começando, mas cada dia mais tenho segurança no trabalho, confiança, e minha mediunidade se abriu muito, sou sensitiva.

Hoje sei identificar minha energia, e não é mais qualquer palavra ou julgamento que me derruba. Emito amor; se erro, sei que são os aprendizados, e olho com amor.

Ho'oponopono é um verdadeiro milagre em minha vida; com ele hoje cuido mais de minha energia, aprendi o poder da escolha que ele traz. Se sou capaz de produzir sentimentos e emoções negativos, com Ho'oponopono aprendi que sou capaz de perdoar e AMAR, tudo está e sempre esteve em minhas mãos.

Agradeço esse lindo presente de aqui poder expressar em algumas palavras minha gratidão a MS e toda a sua equipe.

Que o amor esteja sempre conosco.

- Sinto muito
- Me perdoe
- Te amo
- Sou grata

Após meu encontro com MS, quando pedi orientações de como formar um grupo de Ho'oponopono, tudo fluiu. Recebi tantas curas que queria ajudar outras pessoas.

Hoje faço as Rodas de Cura com Ho'oponopono em minha cidade, Pinheiro Preto, e também na cidade vizinha, Videira, ambas em Santa Catarina.

Sou eternamente grata,

Alexandra Zanella, 38 anos, mãe, terapeuta, mora em Pinheiro Preto, Santa Catarina.

Atua com Reiki, barras de access, Magnified healing.

Facilitadora de meditação com Ho'oponopono.

Depoimento

Meu nome é Estela Santos, 46 anos, moro em Sorocaba, sou dentista e acupunturista (Sorocaba Acupuntura), tenho um ateliê de japamalas.

Conheci a MS há três anos, não pelo acaso, mas pela bondade do Criador em resposta a meu pedido de socorro. Ela estava no You Tube fazendo uma *live* e eu procurava algo para amenizar minha dor. Vivia uma fase difícil de readequação financeira, fim de um relacionamento, baixíssima autoestima, compromissos financeiros não honrados, imensa tristeza e falta de alegria e forças para recomeçar.

Ela falava do "Chamado" e de uma xamã havaiana que havia criado uma técnica para harmonizar tudo o que existe por meio do perdão.

Quatro frases entraram em minha alma e me devolveram o gosto pela vida:

- Sinto muito
- Me perdoe
- Te amo
- Sou grata

Passei a segui-la e, para minha felicidade maior, ela lia meus comentários, interagia e dizia que eu era corajosa. Tomei para mim aquela palavra e juntei forças para recomeçar.

Fiz o curso "Transformando relacionamentos com o Ho'oponopono", turma 1. Ao final, fui conhecê-la e hoje a tenho por uma amiga muito especial.

Após três anos de prática, minha vida mudou de maneira significativa. Hoje toda a minha família pratica o Ho'oponopono e eu sinto que me transformei em uma multiplicadora de bênçãos. Não consigo mensurar ao certo, mas já confeccionei mais de mil japamalas e muitas pessoas se reconectam ao Divino graças a esse recurso.

Ter a MS como mestra, mentora e balizadora nessa jornada espiritual é um auxílio luxuoso. Ela tem um dom amoroso e próprio de nos acolher plenamente. Com palavras, com gestos e às vezes apenas com seu silêncio.

Muitas experiências vividas, ressignificações de memórias de dor, perdão, autoperdão, limpeza de crenças limitantes. O Ho'oponopono nos transforma. Mas devo dizer que, para iniciar essa jornada, há de se ter muita coragem e amor. É uma viagem sem volta. Como um antivírus que identifica dentro de nós os programas que nos fazem sofrer, que nos impedem de vivermos nossa melhor versão. A cada atualização, renascendo mais fortalecidos.

Algumas frases da MS eu escrevi no "caderninho" e levei comigo para todas as situações da vida:

"Somos responsáveis e não culpados".

"As coisas são como são".

"A situação que vivemos é a experiência que escolhemos ter para o aprendizado que necessitamos".

Ao Ho'oponopono, todos os louros pela vida nova que hoje vivo.

À Maria Silvia, todo o meu amor e minha mais profunda gratidão e apreço.

Capítulo 10

O milagre da prática

Quando a ação está em suas mãos.
Vamos praticar.

O milagre da prática é o fogo que transforma o alimento em prazer.
É a matéria que se rende ao calor e ao tempo para mostrar seu melhor.
É a revelação de milagres ocultos que só se mostram
quando estão prontos.
É a sabedoria da perseverança das estrelas que aparecem no céu
respeitando a vontade da noite que chega devagar.
O milagre da prática só é experimentado pelo homem, quando o
guerreiro deixa de lado as armas e se ocupa de vencer o inimigo mais
traiçoeiro que é a pressa, e a falta de fé!

Você deve estar se perguntando:
Por onde começar a praticar?
Será que só repetir as palavras mágicas do Ho'oponopono vai funcionar para mim?

- Sinto muito
- Me perdoe
- Te amo
- Sou grato

Sim, apenas repetir as palavras funciona, melhora, ajuda a limpar os sentimentos e fazer as pazes com a vida. Se você fizer de forma sistemática, continuada, com honestidade e envolvido com o coração... não há limites para os resultados. Acredite.

Eu descobri que existem vários estágios na prática.

Há dias que apenas repetimos as frases; a "conexão" parece superficial. Em outros dias, sentimos a força da Oração do Perdão, emocionamo-nos, lágrimas escorrem pelo rosto e, depois da prática, sentimos um enorme alívio.

Já me aconteceu de praticar o Ho'oponopono de forma mântrica, com o japamala, um rosário indiano de 108 contas, e perder o sono, ficar meio que sem rumo, com a mente confusa. Não foi uma boa experiência, mas faz parte da prática e da limpeza que está acontecendo. Isso pode ocorrer quando estamos iniciando um processo de liberação de memórias inconscientes que estão vibrando em nossa vida. São as chamadas "crenças limitantes".

Uma crença limitante é uma experiência de dor ou sofrimento, vivenciada nesta ou em outra vida, que ficou registrada em seu subconsciente e que não se resolveu. E, por não ter se resolvido, passa a influenciar de forma inconsciente seu comportamento e seu destino.

O Ho'oponopono, quando feito da maneira correta, atua limpando até esse nível. Mas, por hora, não se preocupe tanto com isso. Concentre-se na prática do Ho'oponopono repetindo as frases, segurando seu japamala com muito amor e boa vontade, e a limpeza vai acontecer. Persevere e vença os desafios que somente você poderá vencer, como ensina mestra Rowena na canalização que coloco a seguir.

❀ ❀ ❀

Corpos em harmonia
Canalização Mestra Rowena - Chama Rosa 9/7/2017

É o momento de olhar para si mesmo com muita luz e com muita verdade.

O trabalho na terra é um trabalho que só você pode fazer por si mesmo.

Ainda que existam os médicos dos homens, quando você sofre uma cirurgia, uma operação, seu corpo deve se regenerar.

Seu corpo deve se regenerar, seu corpo estimulado pelos remédios e pelas mãos habilidosas do cirurgião deve repousar e se regenerar.

O mesmo acontece no plano sutil: vocês quando sofrem uma interferência, uma mudança de pensamento, de vibração, de forma de olhar a vida, vocês estão recebendo as energias e as forças dos cirurgiões espirituais.

Então há de se ter um tempo de pausa, e há de se regenerar e fazer as curas de dentro para fora.

Seu corpo mental deve ser curado, seu corpo emocional deve ser curado.

Pensem que seu corpo físico responde às energias que vibram em seu corpo mental e em seu corpo emocional.

Esses três corpos mais densos do homem estão muito ligados uns aos outros. Uma doença no corpo físico, antes de ser uma doença do corpo físico, é uma doença do corpo mental e do corpo emocional.

Quando alguém quer se curar, deve se curar de todos os corpos, e muitas vezes, quando a cura acontece no corpo emocional e no corpo mental, o corpo físico responde a essas emanações, e o contrário também é verdadeiro.

Quando o corpo emocional sofre grandes emoções, abalos e tristezas, quando o corpo mental sofre desaprovação, raivas, mágoas e aflições, é quase que natural que o corpo físico padeça.

Cuidem do equilíbrio dessas três manifestações do seu eu.

Porque seu eu espírito, sua alma, sua força de luz, o princípio do seu Eu Sou não é nem o corpo emocional, nem o corpo mental, nem o corpo físico.

Seu eu espiritual é algo que está antes de tudo isso, inabalável, perfeito, saudável e belo.

Quando vocês dormem, muitos de vocês não conseguem dispensar de forma saudável o corpo emocional e às vezes nem o corpo mental.

O que significa que em sua noite de sono, ainda que seu corpo físico descanse, todas as energias estão virando em você.

Os medos continuam atuando.

As raivas continuam atuando.

As dores que você sofreu continuam interferindo na qualidade de seu sono.

E sorte daqueles que manifestam sonhos, porque pelos sonhos sua alma, seu corpo mental, seu corpo emocional está fazendo um esforço incrível de se transformar e de se reajustar.

Assim, amados, procurem a prática da meditação.

O silêncio da meditação é um descanso reparador do corpo físico e deve ser um silêncio reparador e um descanso profundo de seu corpo emocional.

No momento em que você faz sua meditação, sua oração, de tempos em tempos coloque a mão no peito e acalme, acolha seu coração.

Como se seu coração fosse o centro de seu corpo emocional.

Diga para ele: está tudo bem, vai dar tudo certo, você é amado, você é cuidado, você está bem.

Diga isso para suas emoções e diga também a seu corpo mental: nós vamos encontrar uma saída, para tudo existe uma solução.

Você, eu, eu sou inteligente. Diga isso para você. Acalme sua mente.

Faça esse exercício reparador com você todos os dias.

Expresse esse amor, expresse essa calma, expresse essa confiança para suas emoções e para seus pensamentos.

E, aos poucos, você encontrará o equilíbrio da saúde também em seu corpo físico.

A Terra está passando por um momento de grandes transformações e a maioria das pessoas sofre e sente a turbulência do momento; os desconfortos, o desassossego, os medos têm tomado conta da maioria das pessoas.

Porque todo o processo de transformação carrega consigo a insegurança e o medo do futuro.

Porque o futuro está sendo criado por vocês agora. O futuro, meus amados, não está 100% pronto, ele é um projeto, e esse projeto de futuro nasce em suas emoções e em seu pensamento.

Percebam como é extremamente importante acalmar o corpo mental e acalmar as emoções.

Quando você encontra, por alguns momentos que seja, dentro de você essa paz, essa paz tomará conta de todo o seu ser.

Estamos todos trabalhando a serviço da Grande Fraternidade Branca.

Estamos todos trabalhando a serviço da grande transformação planetária.

Vocês estão fazendo parte de um momento de mudança na Terra.

A humanidade está se reinventando, encontrando novos propósitos na evolução, encontrando seu eixo de amor e de luz.

Nós somos de Órion e estamos a serviço desse grande momento de luz e de transformação.

Eu vibro na energia de Nara, a energia da ajuda, a energia da vibração da grande mãe que está em mim também.

Estamos a serviço de um bem maior e trabalhando na estrutura espiritual de cada um de vocês.

Hoje agimos em uma grande limpeza nas mentes e nos corações.

Bebam, antes de dormir, um copo com água e peçam sua cura.

Deixem também do lado da cama um copo com água, pedindo que as energias do astral venham ali purificar os pensamentos e as emoções.

O processo de ascensão se faz também através do equilíbrio desses três corpos densos.

O corpo físico em harmonia, o corpo emocional em harmonia e o corpo mental em harmonia.

Vibrem na luz e sigam em paz.

Estamos aqui em grupo, trabalhamos sempre em grupo; quando entramos em sintonia com vocês, trazemos nossos irmãos protetores e amigos.

Aqueles que têm a visão espiritual podem ver nossa imagem.

Nós viemos a serviço da luz e em paz.

❀ ❀ ❀

O milagre da prática ouvindo a música do Ho'oponopono

Você pode alcançar incríveis resultados apenas ouvindo a música do Ho'oponopono. Eu recomendo que você o faça. É uma ótima forma para começar a prática, pois a maioria das pessoas se sente confusa e não sabe se tem de pedir perdão a alguém ou se está querendo que alguém lhe peça perdão, pois se sente a vítima da situação.

Não há nada errado, aliás, em você se sentir vítima, porque algumas vezes somos mesmo vítimas de situações ruins, de perturbações ou de pessoas desonestas, por exemplo. Ainda que tenhamos consciência de que, em alguma vida passada, devamos ter provocado esse mal, hoje o sentimento maior é de dor. Se você acha, então, que não merece passar pelo que está passando, acalme seu coração. Simplesmente se deite, ouça a música, a meditação do perdão... e acolha a si mesmo. O acolhimento é muito necessário para nosso caminho espiritual, que exige um mergulho profundo no autoconhecimento. Passado um tempo de prática, você ganhará luz e entendimento dos desafios que enfrenta e de como superá-los. Acredite!

Para ouvir a música do Ho'oponopono no YouTube, basta acessar esse *link*:

<http://curso.ms/MusicaHO>.

❦ ❦ ❦

O milagre da prática meditando com o Ho'oponopono

Outra forma de você mergulhar nas curas do Ho'oponopono é meditando, fazendo um mergulho profundo em você mesmo, curando as raízes do sofrimento e acolhendo seu Eu. Eu criei uma meditação conduzida do Ho'oponopono e a disponibilizei no YouTube. Recomendo fortemente que você repita essa meditação muitas vezes, pois, por uma meditação conduzida, você vai harmonizando sentimentos, aparando arestas emocionais e desenvolvendo seu corpo de luz.

Um ponto importante do Ho'oponopono é o resgate da criança interior. Não é exatamente a criança que você foi, mas sim uma parte de seu ser que continua presa a sentimentos infantis. Não é exatamente algo negativo, nem pense que sua criança é boba, ou mesmo triste. Essa criança é uma parte de você que precisa ser acolhida e que tem de aprender a trilhar o caminho da luz. Nesse ponto começa o autoperdão, e também as mudanças em sua vida.

Faça a meditação conduzida do Ho'oponopono quantas vezes sentir necessidade. Repita por sete dias seguidos, ou mesmo em ciclos de 21 dias, para alcançar resultados ainda melhores.

Para fazer a meditação conduzida do Ho'oponopono no YouTube, basta acessar esse *link*:

<http://curso.ms/MeditacaoHo>

❦ ❦ ❦

O milagre da prática fazendo o Ho'oponopono de forma mântrica

Como já expliquei aqui neste livro e sempre ensino em meus vídeos e cursos, mantra é a repetição de um nome sagrado, uma prática muito antiga do Oriente. Os monges e sacerdotes ensinavam os mantras em cerimônias fechadas, nas quais o mestre sussurrava no ouvido do aspirante um nome mágico. Esse nome passava a ser o mantra pessoal do aspirante. Até hoje alguns gurus ainda fazem isso.

Você também pode praticar o Ho'oponopono como um mantra. Para isso vai precisar de uma guia, que pode ser um japamala (rosário indiano de 108 contas) ou um rosário cristão.

O mantra, nesse caso, é o Ho'oponopono
- Sinto muito
- Me perdoe
- Te amo
- Sou grato

Deve ser repetido 108 vezes.
Por que 108 vezes?

Tudo tem um símbolo, um significado oculto: o número 108 nos mostra que começamos no "1" da Unidade, seguimos no "8" do Infinito, e terminamos somando "9", o número do fechamento de ciclo.

Não se preocupe tanto com a teoria. Se sua prática for consistente, você alcançará os resultados! Utilize sua própria guia, seja um japamala, seja um rosário, com o objetivo de encantar a mente através da repetição do mantra, soltando-se da dor e esquecendo o problema.

No começo, pode ser que você preste muita atenção no movimento, mas, com a prática, isso será bem natural.

O japamala é importante: você se concentra no mantra e o repete continuamente, até ter "girado" a guia toda.

Você não precisa repetir o mantra nem muito rápido nem muito devagar: o ciclo todo costuma demorar uns 20 minutos.

Eu costumo pegar na ponta de meu japamala, rezar, pedir proteção e ajuda. Se tenho algum problema me incomodando, direciono minha

energia para aquela questão... e entrego nas mãos de Deus. Procuro, então, esquecer o assunto, e vou repetindo em cada conta:
- Sinto muito
- Me perdoe
- Te amo
- Sou grato

Não lute contra seus pensamentos. Deixe que eles vão embora da mesma forma que chegaram. Com dedicação, você conseguirá fazer isso.

Às vezes, durante a prática, perco a concentração, sinto sono... posso até cochilar por um breve momento. Mas, como estou segurando o japamala, volto exatamente para o ponto em que estava, e continuo o ciclo com toda a boa vontade. Afinal, estou me limpando de dores e investindo meu tempo e energia para mudar minha vida e meus relacionamentos. O esforço vale a pena!

※ ※ ※

O milagre da prática fazendo Ho'oponopono muitas vezes por dia

Repita a prática muitas e muitas vezes. Tantas quantas você conseguir. Toda vez que lembrar de fazê-la. Acostume sua mente a fazer o Ho'oponopono sempre que tiver um pensamento negativo. É uma questão de condicionamento. E o resultado é impressionante: depois de algumas poucas repetições, aquele sentimento negativo se dissipa! Claro que seu problema não se resolverá assim tão fácil, mas... lembra do que falei sobre manter uma atitude positiva? Isso ajuda muito.

Dedique-se à prática. Faça dela uma parte de sua vida. Com todos os meus anos como terapeuta de vidas passadas e de estudo do Ho'oponopono, aprendi que nós somos formados por camadas e mais camadas de memórias, desta e de outras vidas. São as crenças limitantes. A Oração do Perdão atua diretamente nessas camadas, e a prática constante permitirá que você se aprofunde em suas memórias – e cure os aspectos negativos de sua história no planeta, que começou há muito, muito tempo atrás.

É um processo longo. Você vai perceber que, quando parece que um determinado assunto se "resolveu", acaba aparecendo uma nova perspectiva. Parece que a essência do problema se mostra para nós de uma maneira mais clara, ou mesmo diferente. Isso é uma poderosa forma de autoconhecimento. Seguir em frente, com honestidade e coragem, é um lindo processo de transformação pessoal.

❀ ❀ ❀

Há uma regra absoluta para repetir as frases?

Esta é uma dúvida muito comum e, às vezes, objeto de grande debate entre as pessoas. Alguns dizem que as frases precisam ser repetidas na sequência "correta".

Outros mantêm que você não pode falar "obrigado", e sim "sou grato". E tem gente que sustenta que a terceira frase precisa ser "Por favor, me perdoe".

Eu vou falar da minha convicção: uma técnica tão simples, e ao mesmo tempo tão transformadora, não precisa dessa rigidez. Se fosse esse o caso... talvez tivéssemos todos de falar as frases no original, como faziam os kahunas! Sinceramente, não acho que isso seja importante.

O importante é o mergulho no sentimento e na intenção por trás do Ho'oponopono.

Repita as frases da forma como você sentir.

Faça com o coração!

❀ ❀ ❀

Depoimento

MS e o Ho'oponopono chegaram juntos em minha vida. Acredito que um trouxe o outro.

Um dia, minha mãe disse para mim: "Filha, assisti a um vídeo de uma moça. Você vai gostar dela".

A moça era Maria Silvia Orlovas.

Comecei a acompanhá-la.

A princípio, tateando, tentando compreender aonde aquelas palavras queriam me levar. Aos poucos, fui entendendo que a escuta deveria se dar não apenas pelos ouvidos, mas muito através do coração.

E foi aqui que o Ho'oponopono passou a fazer parte desta história. Dei início à prática do Ho'oponopono, de forma mântrica, como MS orienta.

A repetição das palavras ganha força quando ditas 108 vezes.

Essa prática apoiada na orientação da MS começou, ao longo dos anos, a fazer uma grande transformação em mim. Inicialmente, mudanças sutis, fé, perdão, foco, autoconfiança; depois, mudanças bem claras, nas atitudes, comportamentos e em meu posicionamento em relação às situações, pessoas e na vida.

Fico emocionada de dizer, mas é como se eu estivesse brotando de dentro de mim mesma. Libertando-me de crenças limitantes, de memórias aprisionantes, que foram me fazendo refém de mim mesma. Havia muita procrastinação em minha vida, como se o momento da realização sempre fosse adiado. O problema é que o tempo não espera.

Hoje, contudo, sinto-me bem mais confiante para expressar-me, em um exercício contínuo de não julgamento, inclusive comigo mesma. Tornei-me mais receptiva às outras pessoas, pronta a ajudá-las, se for o caso, mas sabendo o limite claro até onde devo ir. Antes, criava muitas condições para realizar algum projeto, fosse no campo pessoal ou profissional, o que acabava impossibilitando sua realização. Isso gerava frustração e mais procrastinação. Agora, simplesmente vou e faço. As adequações necessárias vou fazendo no transcorrer do projeto e a procrastinação vem sendo substituída pela realização.

A confiança vem aumentando e o medo, diminuindo, a necessidade de controle também.

Meus sonhos estão se revitalizando, o que traz um desafio grande, que é o de como torná-los realidade. Isso é interessante. A energia do Ho'oponopono é exigente, pois na busca da realização você tem de ir atrás, você se põe em movimento. Eu estava muito na normose, na repetição. Sempre fui ativa, mas estava ficando repetitiva. Sabe, muito do mesmo?

Quando passei a aceitar novos desafios, como, por exemplo, o de escrever este texto, entre outros, eu me vejo tendo de estudar muito mais, ter uma atitude reflexiva, disponibilidade para compartilhar, de correr riscos (posso ser compreendida ou não). MS fala da coragem, o que me lembrou uma frase de Guimarães Rosa, não por acaso um mineiro, que em seu livro *Grande Sertão: Veredas*, diz: "O que a vida pede da gente é coragem".

E não é que é?

Percebo ainda que minha trajetória até aqui, não apenas das experiências vividas, mas também dos cursos, formações, terapia, todo investimento em autoconhecimento, foi para deixar-me pronta para este momento. Mas tudo isso talvez não fosse possível se não houvesse a mão condutora, segura, sensível e muito amorosa da MS.

Seja em suas *lives*, nos *workshops* ou pessoalmente, MS consegue transformar todo conhecimento adquirido ao longo dos anos em orientação, em esclarecimento, em oportunidade de um novo direcionamento para as pessoas que a acompanham. Há sempre a possibilidade de recomeçar, do perdão, do não julgamento; as pessoas se sentem aceitas. Ela ensina o amor e o respeito a si mesmo.

Ela sabe ser "fofinha" ou não, na dose certa.

Quando tive a oportunidade de conviver alguns dias com ela, foi como um presente.

MS é alegre, intensa, curiosa, doce, animada, intuitiva, leve, observadora, tranquila, exigente, espontânea. As coisas fluem com ela.

Com MS, tenho a oportunidade de vivenciar o que é um Mestre, no sentido maior. Suas palavras sempre trazem um ensinamento. Ela é uma Mestra, inconfundível com seus cabelos coloridos, que não se distancia de sua humanidade, mas sempre nos fazendo enxergar além.

Uma honra fazer parte desse momento.

Parabéns, Maria Silvia! Sucesso com o novo livro!

Eu sou Claudia Proença, nascida há 55 anos, nas Minas Gerais, moradora de Belo Horizonte, psicóloga, casada, mãe de dois rapazes (lindos!), eterna aprendiz e inteira na vida.

- Sinto muito
- Me perdoe
- Te amo
- Sou grato

✿ ✿ ✿

Depoimento

A MS é uma mulher admirável!

Possui as características e desafios de um ser humano: dedicada mãe de família, amiga de todos, eclética escritora, reconhecida sensitiva, e eterna buscadora e pesquisadora do sagrado, que acompanho de perto há aproximadamente 30 anos, e que em diversas fases da vida demonstrou com exemplos a eficácia da Fé, do Amor Incondicional e da Luz em ação em nossas vidas.

Foi exatamente em um desses momentos, há mais de cinco anos, que a MS apresentou ao seu Grupo dos Sintonizadores no conhecido Espaço Alpha Lux em São Paulo, do qual faço parte, as maravilhas da prática do Ho'oponopono. Por estudos e inúmeras aulas, incansáveis práticas em grupo e individuais, e curiosíssimos relatos durante mais de um ano, vivenciamos o método por ela pesquisado e desenvolvido.

O Ho'oponopono me encanta!

Exatamente por ser uma técnica fundamentada na antiga filosofia kahuna/havaiana, isenta de quaisquer dogmas limitadores, por sua simplicidade, praticidade e foco nos aspectos mais humanos e divinos do Ser, contemplando e valorizando o desenvolvimento consciencial e bem-estar pessoal e felicidade.

O Ho'oponopono tem sido para mim uma valiosa ferramenta espiritual e psicológica – facilitadora do contato com o 'Eu Superior' – que me impactou positivamente desde os primeiros dias, conduzindo-me por caminhos de crescimento pessoal, espiritual e curas até então desconhecidas, instigantes, desafiadoras e extremamente gratificantes.

Posso afirmar que a prática diária do Ho'oponopono mudou minha vida e continua mudando; promovendo o afloramento de questões inconscientes para ser resolvidas, significativos entendimentos de fatos cotidianos "aparentemente" sem importância, expansão de consciência e curas impressionantes. Embora cada cura demande um tempo diferente do outro (Kronos x Kairós), faz-se mister mergulhar nas práticas com a mente e coração abertos e entregues à Divindade.

Sou Márcia Padovan de Moraes, mãe de família, microempresária, terapeuta energética, apaixonada pela vida e eterna buscadora na espiral da existência.

❦ ❦ ❦

Depoimento

Bênção é a palavra que define a Maria Silvia Orlovas, digo eu a todo mundo que encontro, e eles me perguntam: por quê?

Ela me apresentou o Ho'oponopono, acolheu-me, ouviu-me, e desde 2016, em uma busca na internet, entrou e não saiu mais de minha vida.

Estou eu aqui em prantos, enquanto escrevo estas palavras, sentindo uma gratidão imensa por essa pessoa maravilhosa existir neste mundo de meu Deus, e estar disponível para nós.

Eu hoje, aos meus 54 anos, morando em Curitiba/Paraná, olho para trás e vejo uma história de origem pobre, com pouca perspectiva, e agradeço por estar aqui, sendo uma profissional conceituada, empresária, professora.

Hoje, mulher adulta e bem-sucedida, olho minha infância difícil, sinto compaixão pela adolescente de 14 anos que vê a vida virar de cabeça para baixo com a morte abrupta da mãe, e o terrível sofrimento do pai que desmorona a partir de então.

Com duas irmãs menores, tudo se transforma em tragédia, tristeza, choro, abandono, resumidamente a vida torna-se medo, loucura e doença.

Essa foi minha adolescência, base fértil para crenças limitantes, emoções, pensamentos e sentimentos negativos.

Perseguida pela síndrome do pânico, e me autossabotando, sofri com uma tortura que não me permitia evoluir.

Iniciei então minha caminhada em busca do autoconhecimento participando de *whorkshops* presenciais, e acabei indo ao Alpha Lux em São Paulo para conhecer MS.

O Ho'oponopono entra em minha vida como um divisor de águas, virando tudo de cabeça para baixo novamente, mas agora no bom sentido.

O Ho'oponopono foi transformando certezas em dúvidas, liberou amarras e crenças limitantes que carreguei por anos; foi me transformando e me deixando diferente, mais leve, mais otimista a cada dia que passa.

No meio dessa avalanche de mudanças da luz, estou plena, criativa, até otimista, graças ao suporte de Maria Silvia, a quem agradeço imensamente pela atenção e carinho que tenho sempre.

A qualquer momento estou disponível para o que ela precisar, e naquilo que puder ajudar eu colaboro, porque foi ela que me devolveu o sentido amoroso e positivo em mim mesma.

Que o Divino lhe abençoe muito, MS querida, e que você possa fazer o que fez por mim para muitas pessoas mais.

Yvy Abbade, professora, empresária, guerreira da luz.

Sobre a Autora

Se você ainda não me conhece... muito prazer! Eu sou a Maria Silvia Orlovas, escritora de 12 livros, e trabalho há 20 anos como terapeuta de Vidas Passadas, conduzindo *workshops* de autoconhecimento e vida espiritual. Com meus cursos *on-line*, assim como em meu espaço em São Paulo e em minhas viagens a várias cidades pelo Brasil, já ajudei milhares de pessoas a fazerem um profundo mergulho em suas almas e buscarem a transformação pessoal.

Você pode acompanhar meu trabalho de várias formas diferentes:
- Trabalho com os Mestres da Fraternidade Branca há muitos anos. São seres de Luz que um dia estiveram encarnados como nós, mas que, através da iluminação da consciência, ascensionaram. Por amor à humanidade, eles mantêm contato conosco e nos ajudam no caminho espiritual da evolução.

Nessa vibração escrevi vários livros publicados pela Madras Editora.
- *Os Sete Mestres*
- *Meditando com os Mestres dos 7 Raios*
- *Transformação com a Chama Violeta*
- *Os Doze Raios e a Expansão da Consciência*
- *Os Filhos de Órion*
- *A Magia na Cozinha*
- *Segredos de Mulher*
- *Manual da Luz*
- *Vidas Passadas*
- *O Que Esperar?* (Livro infantil)
- *Quando a Vaca Foi para o Brejo* (Livro infantil)
- E o mais novo, que você está lendo agora: *O Livro de Ouro do Ho'oponopono*

- Criei sete meditações com o objetivo de fazer com que você possa se conectar aos Mestres e transformar sua vida. Muitas pessoas têm me mandado mensagens dizendo que essas meditações estão ajudando muito nesse processo de conscientização. Se você ainda não conhece, não perca mais tempo!

Acesse o *link* abaixo e comece a praticar as meditações diariamente. É gratuito:

<https://umcanaldeluz.com.br/meditando-com-os-mestres-da-fraternidade-branca>.

- Se você quiser aprofundar seus conhecimentos sobre a Fraternidade Branca (mesmo que esteja ainda começando essa caminhada), eu recomendo que você faça meu "Minicurso 7 Mestres da Fraternidade Branca". É um incrível mergulho no mundo dos Mestres Ascensionados. São sete aulas (e mais nove depoimentos) nas quais conto minha experiência com a Fraternidade Branca, e mostro como você pode mudar suas posturas de vida e encarar seus desafios de uma maneira diferente. Acesse o link abaixo e comece agora a mudar: <https://umcanaldeluz.com.br/minicurso-7-mestres-da-fraternidade-branca>.

- Criei um *e-book*, que chamei de "62 Perguntas sobre o Ho'oponopono". Esse *e-book* aborda desde as perguntas mais básicas, vindas de quem ainda não conhece a técnica, até as mais profundas, sobre, por exemplo, as resistências objetivas e subjetivas à prática. Para acessar, é muito fácil. Basta clicar no *link* abaixo... e baixar o material. Boa leitura: <https://umcanaldeluz.com.br/hooponopono/>.

- O Instagram: <msorlovas>.

- No Facebook: <https://www.Facebook.com/mariasilvia.p.orlovas/>.

- Canal do YouTube <https://www.YouTube.com/user/msorlovas100>.

- Endereço em São Paulo: Espaço Alpha Lux – Rua Cotoxó, 634 – Perdizes – Tel.: (11) 3673-4824 SUPORTE@umcanaldeluz.com.br

MADRAS® Editora

Para mais informações sobre a Madras Editora,
sua história no mercado editorial
e seu catálogo de títulos publicados:

Entre e cadastre-se no site:

www.madras.com.br

Para mensagens, parcerias, sugestões e dúvidas, mande-nos um e-mail:

marketing@madras.com.br

SAIBA MAIS

Saiba mais sobre nossos lançamentos,
autores e eventos seguindo-nos no facebook e twitter:

@madrased

/madraseditora